SUBSIDIA BIBLICA

17

subsidia biblica - 17

Cardinale PIO LAGHI
MAURICE GILBERT, S.J. ALBERT VANHOYE, S.J.

Chiesa e Sacra Scrittura

Un secolo di magistero ecclesiastico e studi biblici

Introduzione
di
KLEMENS STOCK, S.J.

EDITRICE PONTIFICIO ISTITUTO BIBLICO — ROMA 1994

ISBN 88-7653-604-3

Editrice Pontificio Istituto Biblico
Piazza della Pilotta 35 - 00187 Roma, Italia

Presentazione

Il 18 novembre 1993 si è svolta al Pontificio Istituto Biblico di Roma una mattinata di tre conferenze in commemorazione di due encicliche, *Providentissimus Deus* del Papa Leone XIII (1893) e *Divino afflante Spiritu* del Papa Pio XII (1943).

Dopo l'introduzione del Rettore dell'Istituto, Padre Klemens Stock, S.J., il primo conferenziere, Padre Maurice Gilbert, S.J., ha parlato del periodo antecedente il 1943; «Cinquanta anni di magistero romano sull'ermeneutica biblica. Leone XIII (1893) – Pio XII (1943)». Il secondo conferenziere, Padre Albert Vanhoye, S.J., ha parlato del periodo dal 1943 fino ad oggi: «Dopo la *Divino afflante Spiritu*. Progressi e problemi dell'esegesi cattolica». Infine, Sua Eminenza il Cardinale Pio Laghi ha parlato sul tema «I riflessi del progresso biblico, particolarmente della Costituzione Dogmatica *Dei Verbum*, per la teologia».

Queste tre conferenze vengono presentate qui come servizio al progresso della interpretazione e uso della Sacra Scrittura nella Chiesa.

JAMES SWETNAM, S.J.
Redattore «Subsidia Biblica»

Sigla

EB *Enchiridion Biblicum. Documenti della Chiesa sulla Sacra Scrittura* (Collana «Strumenti»). Edizione bilingue. Bologna: Edizioni Dehoniane, 1993.

Introduzione

Prolusione all'Atto Accademico del 18 novembre 1993

KLEMENS STOCK, S.J.

Oggi, cento anni fa, il 18 novembre 1893 il Papa Leone XIII ha pubblicato la sua enciclica *Providentissimus Deus* per dare nuovi stimoli ed orientamenti agli studi della Bibbia nella Chiesa Cattolica. Come in altri campi così anche nel campo biblico questo Papa si è impegnato decisamente per il rinnovamento. Una enciclica sullo studio della Bibbia può sembrarci una cosa normale. Ma un indizio, forse molto esterno, per il carattere straordinario di questa enciclica può essere il fatto seguente. Nell'*Enchiridion Biblicum* che costituisce una raccolta dei documenti e dichiarazioni ecclesiastiche che riguardano la Bibbia, bastano tre pagine per tutto il periodo fra il concilio di Trento e la nostra enciclica — per più di trecento anni tre pagine. Poi la *Providentissimus Deus* comprende 19 pagine. Si tratta di un indizio esteriore che accenna però al fatto che questa enciclica inizia un nuovo periodo quanto all'atteggiamento della Chiesa verso la Bibbia.

Il Papa Pio XII non ha scritto una enciclica dal titolo *Quinquagesimo anno*, ma 50 anni dopo la *Providentissimus Deus* ha pubblicato la sua enciclica biblica dal titolo *Divino afflante Spiritu* nella quale continua e sviluppa l'insegnamento del suo predecessore sulla Bibbia e sugli studi biblici.

Direttamente connessa con la data di oggi, con il 18 novembre, è la più solenne e autorevole presa di posizione della Chiesa nei riguardi della Bibbia che è contenuta nella Costituzione Dogmatica *Dei Verbum* del Concilio Vaticano Secondo. La Costituzione si occupa della Rivelazione di Dio e in questo contesto più ampio della Sacra Scrittura. Il 18 novembre 1965, 28 anni fa, nella basilica di San Pietro, i Padri Conciliari hanno fatto la votazione finale su questo testo: 2344 Placet, 6 Non placet. Nello stesso giorno avvenne la proclamazione solenne della Costituzione da parte del Papa Paolo VI.

La data di oggi, 18 novembre, è ovviamente una data importante per il rapporto tra la Chiesa e la Sacra Scrittura. Perciò abbiamo scelto questo giorno per la celebrazione di questo giubileo biblico. Non ho potuto verificare le ragioni per le quali il Papa Leone XIII ha scelto questa data per la pubblicazione della sua enciclica. Fatto sta che in questa data si celebra la festa della Dedicazione delle Basiliche dei Santi Pietro e Paolo. Questi due apostoli sono veramente personaggi biblici. Celebrando la dedicazione delle loro basiliche, si celebra la memoria delle loro persone e della loro opera. Nella connessione dei documenti che riguardano la Bibbia, con la festa dei SS. Apostoli Pietro e Paolo, possiamo vedere il collegamento fra la Parola di Dio scritta e questa stessa parola vissuta e testimoniata dalle persone credenti sin dagli apostoli. Non è casuale il rapporto fra la Bibbia e gli apostoli.

Cinquant'anni di magistero romano sull'ermeneutica biblica

Leone XIII (1893) – Pio XII (1943)

MAURICE GILBERT, S.J.

I. *Il pontificato di Leone XIII*

1. Il contesto storico

Quando, il 18 novembre 1893 — esattamente un secolo fa — Leone XIII firmò la sua enciclica, *Providentissimus*, nel sedicesimo anno del suo pontificato che sarebbe durato ancora un decennio, molti settori della vita della Chiesa erano già stati segnati dal pensiero aperto del pontefice. Nei primi anni del suo pontificato egli aveva invitato i filosofi e i teologi cattolici a basarsi sulla dottrina di san Tommaso d'Aquino. Nel 1891 appariva la sua enciclica più famosa, la *Rerum novarum*, sulla condizione operaia. Leone XIII, in settori così diversi, dimostrava grandi aperture per il futuro. Le sue prese di posizione avrebbero infatti segnato le generazioni seguenti.

A. *Fondazione dell'Ecole Biblique*

In materia biblica Leone XIII era intervenuto solo nell'anno precedente, il 17 settembre 1892, con una lettera con la quale approvava la fondazione a Gerusalemme dell'Ecole Biblique, dove l'esplorazione della Terra Santa era completata da corsi e conferenze, aperti del resto a un pubblico non limitato soltanto al mondo cattolico.

B. *Due secoli di silenzio sulla Bibbia*

Tuttavia la situazione dell'esegesi avrebbe condotto a un intervento pontificio di grande portata. Sappiamo che la vittoria di Bossuet su Richard Simon, verso il 1680, fu fatale per l'esegesi cattolica. Questa era appena uscita da un «secolo d'oro», iniziato alla fine del concilio di Trento, e il rifiuto dell'approccio scientifico e critico della Bibbia, quale lo raccomandava Richard Simon, avrebbe portato a due secoli di silenzio sulla Bibbia. Da questo periodo di decadenza nell'esegesi cattolica emerge solo dom Calmet, mentre l'Enciclopedia prima e la rivoluzione francese poi avrebbero fatto i loro danni. La Bibbia non viene più studiata, non viene nemmeno letta e tutto quello che se ne sa è quasi sempre di seconda mano.

C. *Rudolf Cornely*

Ora, dal 1885 al 1887, il P. Rudolf Cornely S.J. (1830-1907), tedesco di origine e professore all'Università Gregoriana dal 1879, pubblicava in quattro volumi la sua *Historica et critica Introductio in utriusque Testamenti libros sacros*. Questo lavoro monumentale serviva come base al «Cursus Scripturae Sacrae» che il P. Cornely aveva progettato e che, con la collaborazione di due confratelli, avrebbe realizzato in una ventina d'anni. La sua *Introductio*, in cui a una scienza incontestabile egli univa una sana teologia, segnò l'inizio del rinnovamento dell'esegesi cattolica dopo due secoli d'ombra.

D. *La situazione in Francia*

In Francia la situazione era molto complessa. La *Vita di Gesù* che Ernest Renan, morto nel 1892, aveva pubblicato trent'anni prima (1863), aveva conosciuto un successo inimmaginabile, più che per la sua scienza, che gli proveniva dagli esegeti protestanti tedeschi, per la vivacità del suo stile. Alfred Loisy (1857-1940) aveva seguito al Collegio di Francia i corsi di Renan sui Salmi. Professore di ebraico all'Institut Catholique di Parigi fin dal 1882, Loisy passava inevitabilmente dalla grammatica all'esegesi e nel 1892 inaugurava la propria rivista, *L'enseignement biblique* che doveva assicurare una più ampia diffusione ai suoi corsi. La sua audacia esegetica suscitò scalpore, tanto che, alla ripresa dell'anno accademico nell'autunno del 1892, il superiore dei Sulpiziani, M. Icard, vietò ai propri seminaristi di frequentare i corsi di Loisy. Il rettore dell'Institut Catholique di Parigi, Mons. M. d'Hulst, con l'intenzione generosa, ma imprudente e per certi aspetti ingenua, di difendere un professore dalla sua istituzione, pubblicava nel *Le Correspondant* del 25 gennaio 1893 un articolo intitolato «La question biblique», il cui clamore andò al di là delle previsioni del suo stesso autore. Mons. d'Hulst, che non era esegeta, sperava di assicurare la difesa del suo professore Alfred Loisy distinguendo tre scuole all'interno del mondo cattolico del tempo. La questione era stata sollevata a proposito del Pentateuco. Accanto a una scuola «stretta», che considerava la testimonianza del libro della Genesi come una storia autentica delle origini, di cui bisognava accettare il carattere inerrante, una scuola «larga», che Mons. d'Hulst ricostruiva, ma nella quale Loisy non si riconobbe mai, ammetteva il carattere infallibile e inerante solo alle affermazioni che interessavano la fede e i costumi (pp. 220-221). Mons. d'Hulst presentava questa seconda posizione con calore e convinzione, senza tuttavia farla propria; egli voleva essere solo il relatore di una situazione (p. 239). La sua posizione si accordava con una scuola «media» sulla quale non si dilungava molto (pp. 240-241), perché non sembra che avesse una propria consistenza e appariva solo come un modo accorto e prudente di intendere la scuola «larga». In altre parole, il conflitto era in realtà solo tra una scuola «stretta» e una scuola «larga». Queste posizioni toccavano il rapporto esistente tra ispirazione e inerranza della Scrittura ed erano inevitabilmente sollevate in un epoca in cui abbondavano le scoperte scientifiche e archeologiche. Si cominciava allora a rendersi conto, grazie alla geologia, dell'antichità del mondo e della stessa razza umana, mentre attraverso gli scavi del Vicino Oriente cominciava a prendere forma la storia antica.

Ora, sia nel campo della cosmologia che in quello della storia, la Bibbia, nelle sue prime pagine, sembrava offrire una testimonianza diversa da quella enunciata dalla scienza del tempo. Il conflitto era inevitabile. Ma il tipo di soluzione proposto da Mons. d'Hulst, di limitare cioè il carattere ispirato ai soli testi che toccavano la fede e i costumi, poteva essere accettato?

Mons. d'Hulst si dimostrava ancora più imprudente e più ingenuo a proposito del silenzio di Roma su queste questioni, almeno dalla messa all'Indice, nel dicembre del 1887, del libro di F. Lenormant su *Le origini della storia secondo la Bibbia e le tradizioni dei popoli orientali,* apparso in tre volumi tra il 1880 e il 1882. Mons. d'Hulst scriveva infatti: «Lontano da noi il pensiero di farci gli interpreti di questo silenzio, di dare ad esso un significato di approvazione o di tolleranza che forse non ha. Il giorno in cui la Santa Sede romperà questo silenzio, tra i figli della Chiesa ci sarà solo una voce per accettare la sua direzione dottrinale. Ma più di un indizio ci fa pensare che il momento di questo intervento non è vicino» (p. 237). Si sbagliava completamente.

2. **L'enciclica di Leone XIII sulla Bibbia: *Providentissimus Deus***

L'articolo di Mons. d'Hulst fece molto rumore. Non sto a ricordare qui la sua venuta a Roma dove temeva la propria condanna, ma dove invece fu accolto con benevolenza da Leone XIII; né ricorderò cosa ne fu dell'insegnamento di Loisy all'Institut Catholique. Comunque sia, il 18 novembre di questo stesso anno

1893 Leone XIII firmò la sua enciclica sugli studi biblici, *Providentissimus Deus*. Non ne riprenderò qui tutta l'interpretazione. Mi sembra più utile limitarmi ai punti più importanti per il dibattito del tempo e ad altri il cui impatto si fa ancora sentire nella Chiesa di oggi.

Lo scopo di Leone XIII era duplice: voleva innanzitutto promuovere lo studio della Bibbia nella Chiesa e, più precisamente, nei seminari in cui si formano i futuri sacerdoti; in secondo luogo voleva assicurare la difesa della Bibbia di fronte agli attacchi che le venivano mossi. Su questi due punti — promuovere e difendere — il papa desiderava dare una chiara direzione. Prima di farlo, ricordava con dei fatti precisi come la Chiesa, sull'esempio di Cristo e degli apostoli, nel corso dei secoli aveva sempre letto con assiduità la scrittura e vi aveva trovato luce e fonte di vita.

A. *Direttive sull'insegnamento della Scrittura*

Una prima serie di direttive pontificie si riferisce all'insegnamento della Scrittura. In questa prima parte dell'enciclica evidenzierò quattro affermazioni fondamentali che avrebbero ricevuto in seguito importanti sviluppi e che in ogni caso ebbero un impatto sui decenni successivi.

a. Quattro affermazioni fondamentali

1) Il docente adotterà come testo la versione della Volgata, che il concilio di Trento aveva dichiarato «autentica». Questa presa di posizione non significava, nell'intenzione di Leone XIII, che non bisognava tener conto delle altre versioni antiche, né specialmente («maxime») dei testi primitivi: su qualche punto equivoco o meno chiaro si potrà sempre seguire il consiglio di sant'Agostino, ricorrere cioè alla «lingua più antica».[1]

2) Una volta stabilito il testo migliore, bisogna ricercarne il senso. Ecco il passo dell'enciclica che mi sembra importante: «Trattandosi infatti di libri il cui autore è lo Spirito Santo, molte cose vi sono in essi che superano di gran lunga la forza e l'acume della ragione umana, i divini misteri cioè, e molte altre cose contenute insieme con questi, e per di più talvolta con un senso ben più ampio e recondito di quanto non sembri esprimere la parola o indicare le leggi dell'ermeneutica, e certamente lo stesso senso letterale richiama poi altri sensi, sia per illustrare i dogmi, sia per raccomandare precetti di vita pratica».[2]

---

[1] *EB*, § 106.
[2] *EB*, § 108.

3) Per designare chi determinerà questo senso nascosto e più elevato che non sembra indicarlo la lettera del testo, Leone XIII ricorda che Dio ha affidato le Scritture alla Chiesa perché serva da guida e maestra infallibile nel leggere e spiegare le sue parole. È su questa affermazione che si basa l'insegnamento dei concili di Trento e Vaticano I, ricordando che nessuno è autorizzato a interpretare la Scrittura contrariamente al senso definito dalla Chiesa o contro il consenso unanime dei Padri.[3] Sull'esegesi patristica, Leone XIII precisava un po' più avanti che «somma è l'autorità dei santi padri ogni volta che all'unanimità interpretano con uguale senso una qualche testimonianza biblica, riguardante la dottrina della fede o dei costumi. Dal loro unanime consenso, infatti, appare chiaramente che così sia stato tramandato dagli apostoli secondo la fede cattolica».[4]

4) Infine Leone XIII concludeva questa prima parte consacrata alla promozione dello studio della Bibbia con questo testo: «È poi grandemente desiderabile e necessario che l'uso della divina Scrittura domini in tutta la scienza teologica e ne sia quasi l'anima. Questo affermarono in ogni età i padri e i più insigni teologi e questo procurarono di fare».[5]

b. Commenti sulle quattro affermazioni

Su questi quattro punti mi sia permesso fornire alcuni dati apportati dall'esegesi seguente:

1) Fino a Leone XIII le bibbie cattoliche in lingue moderne presentavano normalmente una traduzione della Volgata. Questa era la versione che si commentava, riportando eventualmente a margine il senso dei testi originali, ciò che si faceva dal Rinascimento e più particolarmente ancora durante il «secolo d'oro» seguito al concilio di Trento. Solo nel 1894, un anno dopo l'enciclica, apparve in francese il primo volume della traduzione della Bibbia secondo i testi originali ad opera del canonico A. Crampon, morto l'anno precedente. Era una novità. Il commentario scientifico del libro dei Giudici, pubblicato finalmente nel 1903 dal P. Lagrange, presentava una traduzione del testo ebraico; fu uno dei primi, se non il primo, nel mondo cattolico, ma il P. Lagrange aveva incontrato delle difficoltà per ottenerne l'autorizzazione. In ogni caso si può vedere chiaramente come Leone XIII non si opponesse al ricorso ai testi originali, cosa che avrebbe esplicitamente rac-

---

[3] Ibid.
[4] *EB*, § 111.
[5] *EB*, § 114.

comandato Pio XII. Quanto alla Volgata, nel 1907 Pio X costituì l'equipe dei benedettini di San Girolamo a Roma perché si desse alla Chiesa un'edizione critica di grande qualità della Volgata e questi compiono la loro missione con la chiusura dell'Antico Testamento. Ma un altro problema veniva sollevato da Leone XIII, quello dell'«autenticità» della Volgata. Citando il decreto tridentino, egli scriveva che la Volgata deve ritenersi «autentica sia nelle pubbliche lezioni, come nelle dispute, predicazioni ed esposizioni».[6] Ma all'epoca di Leone XIII era corrente la teoria del cardinale Franzelin secondo la quale l'autenticità della Volgata era detta «interna», nel senso che era inclusa la conformità testuale tra la Volgata e i testi biblici in lingua originale. L'enciclica di Leone XIII fortunatamente non arrivava fino a tanto; infatti gli studi dimostrarono che il concilio di Trento aveva di mira un'autenticità «giuridica», nel senso che è costituita ufficialmente come autorità per le questioni di fede dibattute in pubblico. Pio XII sarebbe ritornato definitivamente sull'argomento nel 1943. Ecco quindi un primo campo in cui Pio XII prolungò Leone XIII.

2) Il senso letterale e gli altri sensi. Il passo che ho citato sopra non è del tutto limpido. Certo, Leone XIII riprende più avanti la dottrina classica del primato del senso letterale: l'interprete deve «mantenersi religiosamente ossequioso al precetto sapientemente dato da sant'Agostino, e cioè di non allontanarsi per nulla dal senso letterale e ovvio, se non vi sia una qualche ragione che non permetta di tenerlo, o una necessità che imponga di lasciarlo. ... Si guardi parimenti lo studioso dal trascurare quei passi che furono volti dagli stessi Padri a un senso allegorico o simile, soprattutto quando partono dal senso letterale...».[7] Sappiamo che Pio XII raccomanderà nuovamente il senso letterale e che, peraltro, gli studi del cardinale H. de Lubac sull'esegesi antica hanno avuto un'influenza reale. Ma Leone XIII nel testo appena citato parla di un senso «in qualche modo sopra-letterale che può essere determinato solo da un'autorità competente», scriveva il P. Lagrange nel 1900, nella *Revue Biblique*.[8] Bisogna vedere lì il senso che è stato chiamato «pieno»? Ci si può d'altro canto domandare se ci siano dei casi di un tale senso dichiarati ufficialmente dalla Chiesa, ma in sé, secondo Leone XIII, sembra che la cosa sia possibile.

---

[6] *EB*, § 106.

[7] *EB*, § 112.

[8] M.-J. Lagrange, «Bulletin. L'interprétation de la Sainte Ecriture par l'Eglise», *Revue Biblique* 9 (1900) 141.

3) Sul senso di un testo definito dalla Chiesa, come pure sul senso dato unanimamente dai Padri, ricorderò semplicemente che ci sono pochi testi biblici appartenenti all'una o all'altra categoria. Sembra che non siano più di dieci i passi della Scrittura di cui la Chiesa ha definito il senso.

4) Infine è nota l'importanza che ha avuto a partire dal concilio Vaticano II, che l'ha a sua volta citata, l'espressione secondo la quale la Scrittura dev'essere per così dire l'anima della teologia. Ciò che è meno noto è l'origine di questa formulazione. J. M. Lera ha dimostrato nel 1984 che essa proveniva, probabilmente per mezzo del P. R. Cornely, dalla XIII Congregazione generale della Compagnia di Gesù tenuta a Roma nel 1687.[9] Nel suo XV decreto si legge infatti: «La scienza scritturistica, che è stata sempre tenuta in particolare considerazione nella Compagnia, conservi in tutti il posto che le spetta, come all'anima stessa di una vera teologia e a ciò che è estremamente necessario nei ministeri propri della Compagnia». È necessario ricordare che nel 1687 il declino dell'esegesi cattolica era già iniziato? L'espressione, ripresa da Leone XIII due secoli più tardi, accompagna il rinnovamento dell'esegesi fino ai nostri giorni.

B. *La difesa della Scrittura*

La seconda parte dell'enciclica di Leone XIII si sofferma su ciò che deve servire per la difesa della Scrittura. Quattro sono anche qui gli argomenti sviluppati dal pontefice.

1) Il primo modo di difendere la Scrittura contro gli attacchi di chi era bersaglio doveva essere «lo studio delle antiche lingue orientali e della cosiddetta arte critica».[10] Sul primo dovere, quello di studiare le antiche lingue orientali, l'imperativo di Leone XIII è stato ampiamente ascoltato e la Facoltà Orientalistica del Pontificio Istituto Biblico ne è una delle prove. Quanto all'arte critica, all'epoca si trattava delle ricerche condotte soprattutto presso i protestanti tedeschi. La critica interna dei testi può permettere di determinare diversi strati redazionali, aggiunte, glosse. Si mette allora in dubbio, ad esempio, l'integrità di un libro e si cerca di determinare l'origine delle sue diverse componenti. La conseguenza può essere anche che si arrivi a mettere in dubbio l'autorità di un testo biblico. Leone XIII ricordava che la critica esterna, le

---

[9] J. M. Lera, «"Sacrae paginae studium sit veluti anima Sacrae Theologiae" (Notas sobre el origen y procedencia de este frase)», in *Palabra y vida. Homenaje a J. Alonso Díaz*, edd. A. Vargas-Machuca e G. Ruiz (Madrid: UPCM, 1984), pp. 409-422.

[10] *EB*, § 118.

testimonianze storiche sull'origine e la conservazione dei libri, hanno il loro valore e, a suo avviso, prevalgono anche sulla critica interna. È vero che i fautori della sola critica interna arrivavano, da buoni razionalisti, a «rimuovere dai sacri Libri profezie, miracoli, e tutto ciò che supera l'ordine naturale»,[11] come diceva Leone XIII. L'avvertimento era importante e oggi, anche se si possono accettare diversi strati redazionali e aggiunte in parecchi libri biblici, ci si esime fortunatamente dal modificare i testi sulla base di presupposti inaccettabili e di respingere fuori della Bibbia le aggiunte.

C'è un altro aspetto del problema che agitava gli animi del tempo, quello dell'autenticità letteraria dei libri sacri. Tradizionalmente si attribuiva il Pentateuco a Mosè e al solo profeta dell'VIII secolo il libro che porta il nome di Isaia. Ora, la paternità mosaica dei primi cinque libri era stata seriamente intaccata prima dell'enciclica e, nel 1892, B. Duhm aveva cominciato a parlare di un deutero-Isaia. Leone XIII menziona nella *Providentissimus* l'arditezza dei nemici della religone «nell'assalire e combattere l'autenticità dei Libri sacri».[12] Bisogna riconoscere che l'apprensione era grande e che si manterrà ancora per molto tempo la tendenza a difendere a ogni costo l'autenticità letteraria dei libri biblici. Ciò che ritengo utile segnalare è quanto faceva notare il P. St. Lyonnet, solo alcuni anni fa, che cioè la costituzione *Dei Verbum* del concilio Vaticano II ha eliminato ogni allusione a questa autenticità che i testi preparatori ancora menzionavano.[13]

2) Leone XIII tratta poi dei rapporti tra la Scrittura e le scienze naturali. È su questo punto che egli pronuncia quella che è stato ben presto chiamata una «parola liberatrice». Prima dell'enciclica e da molto tempo, il problema del rapporto tra la Bibbia e la scienza si poneva soprattutto a proposito dell'origine del mondo e dell'umanità. Si cominciava allora a scoprire, grazie alla geologia, l'antichità della terra e, per l'essere umano, le prime scoperte antropologiche mostravano già che la razza umana era anteriore al computo più favorevole che la Bibbia permettesse: in base a questa, gli esegeti pensavano che la razza umana avesse al massimo 6000 anni circa di esistenza, mentre la paleontologia dell'epoca aveva scoperto l'uomo fossile al quale si attribuiva un'età più elevata. La Bibbia insegnava allora il falso? Per di più il testo di Genesi 1 del

---

[11] *EB*, § 119.

[12] Ibid.

[13] St. Lyonnet, «A propos des chapitres IV et VI de la 'Dei Verbum'. L'etonnant chemin parcouru au cours de l'élaboration du texte conciliaire», in *Vatican II. Bilan et perspectives vingt-cinq ans après (1962-1987)*, ed. R. Latourelle (Recherches, N.S. 15; Montréal: Bellarmin/Paris: Cerf. 1988), t. I, pp. 172-173.

racconto della creazione in sei giorni era stato interpretato come una creazione in sei periodi più o meno lunghi allo scopo di stabilire un accordo tra la Bibbia e la scienza. In altre parole il concordismo era giunto al culmine. Leone XIII vi mise fine. Lo spiegò chiaramente basandosi soprattutto su sant'Agostino: «Gli scrittori sacri, o più giustamente 'lo Spirito di Dio che parlava per mezzo di essi, non intendeva ammaestrare gli uomini su queste cose (cioè sull'intima costituzione degli oggetti visibili), che non hanno importanza alcuna per la salvezza eterna' (*De Genesi ad litteram*, II,9,20), per cui essi più che attendere direttamente all'investigazione della natura, descrivevano e rappresentavano talvolta le cose con una qualche locuzione metaforica, o come lo comportava il modo comune di parlare di quei tempi ed ancora oggi si usa, riguardo a molte cose, nella vita quotidiana, anche tra uomini colti. Dato che nel comune linguaggio viene espresso in primo luogo e propriamente ciò che cade sotto i sensi, così anche lo scrittore sacro (e come ci avverte anche il dottore angelico), 'si attenne a ciò che appare ai sensi' (*Summa Theologica*, I, qu. 70, art. 1 ad 3), ossia a ciò che Dio stesso, parlando agli uomini, espresse in modo umano per farsi comprendere da essi».[14]

Il pontefice concludeva il paragrafo sull'argomento con queste parole: «Che, se poi gli scrittori di scienze naturali, oltrepassati i confini della propria disciplina, invadessero con errate opinioni il campo della filosofia, l'interprete teologo domandi ai filosofi di confutarle».[15]

3) Il papa passava allora immediatamente alle questioni sollevate dalla storia e lo faceva con una frase la cui interpretazione rimane oscura, persino un secolo dopo. Scriveva in latino: «Haec ipsa deinde ad cognatas disciplinas, ad historiam praesertim, juvabit transferri».[16] Come va interpretata questa frase? Innanzitutto, quali sono queste «cognatas disciplinas»? Per alcuni si trattava delle scienze vicine alla filosofia, alla quale il papa aveva appena rinviato, cioè il diritto naturale e la morale; così pensava il P. A. Delattre.[17] Per altri, queste «scienze affini» erano la geografia, l'archeologia, l'epigrafia, le cui scoperte non confermavano sempre la Bibbia e «su questo terreno era avenuto l'attacco moderno», scriveva il P. Lagrange,[18] fautore di questa seconda interpretazione, più naturale.

---

[14] *EB*, § 121.
[15] *EB*, § 122.
[16] *EB*, § 123.
[17] A. Delattre, *Autour de la question biblique. Une nouvelle école d'exégèse et les autorités qu'elle invoque* (Liège: Dessain, 1904), pp. 26-27.
[18] M.-J. Lagrange, *Eclaircissement sur le méthode historique. A propos d'un livre du R. P. Delattre, S.J.* (Paris: Lecoffre, 1905), 15.

Altra difficoltà, sempre persistente: bisogna tradurre la frase come ha fatto Mons. L. Cerfaux: «Di conseguenza si potranno applicare questi principi alle scienze connesse e in particolare alla storia»,[19] o come ha proposto P. Grelot: «Vogliamo ora applicare questa dottrina alle scienze affini, in particolare alla storia»?[20] La prima traduzione sembra preferibile poiché il papa dà delle direttive ai biblisti e non cerca di applicarle egli stesso. Ma quali sono dunque queste «haec ipsa»? La discussione ha riguardato soprattutto questo interrogativo.

Il papa si riferiva certamente agli attacchi condotti contro la Scrittura a partire dalla scoperte di documenti antichi: questi avversari tacciavano di errore il testo biblico, accordando una maggiore fiducia ai documenti appena scoperti e appena interpretati. Ma ancora una volta: come interpretare il famoso «haec ipsa»?

Per saperlo, occorre ricordare che allora si prendevano alla lettera tutti i testi biblici che avevano l'apparenza di storia (ho lasciato il termine che sarà al centro della discussione). Il racconto del giardino dell'Eden di Genesi 2–3 va interpretato come storia nel senso stretto? Il libro di Giona e quello di Giuditta sono dei puri racconti storici? La discussione verteva anche intorno a questo.

Tutta una corrente dell'esegesi cattolica si orientava allora verso quelle che vennero chiamate le «apparenze storiche». Per farla breve, mi limiterò a citare a questo proposito un testo molto fermo di J. Chaine: «Nel suo decreto del giugno 1905 la Commissione Biblica ammette che, in condizioni eccezionali e salvaguardando il giudizio della Chiesa, libri o parti di libri possano avere soltanto l'apparenza di storia [*EB*, § 161]. Benedetto XV, nella sua enciclica *Spiritus Paraclitus* (1920), non escludeva nella Bibbia la presenza di libri o di parti di libri aventi solo l'apparenza e non la natura propria della storia. Quando egli biasima quelli che 'troppo facilmente fanno ricorso... di apparenza storica', condanna un abuso, non un uso molto ristretto [*EB*, §§ 456-458, 474]. Il P. Bea interpreta anch'egli questo passo dell'enciclica [di Benedetto XV] come la condanna di un abuso di principi in se stessi buoni, ma applicati al di là dei giusti limiti».[21]

---

[19] L. Cerfaux, in S. S. Pie XII, *Encyclique sur les études bibliques*. Introduction et commentaires de L. Cerfaux (Chrétienté nouvelle, VI; Bruxelles: Ed. Universitaires, 1945), p. 17.

[20] P. Grelot, *Evangiles et histoire* (Paris: Desclée, 1986), p. 40.

[21] J. Chaine, *Le livre de la Genèse* (Lectio Divina 3; Paris: Cerf, 1948), 509-510.

Pio XII sarebbe a sua volta ritornato su questa frase oscura di Leone XIII e l'avrebbe illuminata con il ricorso ai generi letterari, come avrò modo di ricordare. Ma vorrei rievocare che già durante l'inverno che seguì la pubblicazione dell'enciclica di Leone XIII, il P. Lagrange visitò il deserto del Sinai e nei suoi «Ricordi personali» del 1926 ha raccontato come lo shock provato con il deserto del Sinai gli facesse percepire che c'erano diversi modi di scrivere la storia. Cinquant'anni più tardi, Pio XII ne faceva un principio dell'esegesi.[22]

4) Ma all'epoca di Leone XIII, per rispondere agli attacchi condotti contro la Bibbia, in questi campi della scienza e della storia, Mons. d'Hulst aveva proposto la tesi artificiosa della sua scuola «larga», cioè di ridurre l'ispirazione a ciò che riguardava la fede e i costumi. Leone XIII respinse con forza questa teoria e ribadì la dottrina tradizionale, cioè che «tutti i libri e nella loro integrità, che la Chiesa riceve come sacri e canonici, con tutte le loro parti, furono scritti sotto l'ispirazione dello Spirito Santo... La divina ispirazione, per sua natura, non solo esclude anche il minimo errore, ma lo esclude e rigeta così necessariamente, come necessariamente Dio, somma verità, non può essere nel modo più assoluto autore di alcun errore».[23] Il concilio Vaticano I, citato da Leone XIII, giustificava la canonicità col fatto che i libri sacri, scritti sotto l'ispirazione dello Spirito Santo, hanno Dio per autore. Al che il papa aggiungeva a proposito degli autori umani: «Perciò non ha qui valore il dire che lo Spirito Santo abbia preso degli uomini come strumenti per scrivere, come se qualche errore sia potuto sfuggire non certamente all'autore principale, ma agli scrittori ispirati. Infatti egli stesso così li stimolò e li mosse a scrivere con la sua virtù soprannaturale, così li assisté mentre scrivevano, di modo che tutte quelle cose e quelle sole che egli voleva, le concepissero rettamente con la mente, e avessero la volontà di scrivere fedelmente e le esprimessero in maniera atta con infallibile verità: diversamente non sarebbe egli stesso l'autore di tutta la sacra Scrittura».[24]

Nel passato qualcuno ha voluto vedere in questo testo una critica alla spiegazione dell'ispirazione data dal cardinale Franzelin. Questi distingueva un elemento formale, le idee, che Dio ispirava all'autore umano, e un elemento materiale, le parole, che l'autore

---

[22] Le Père Lagrange, *Au service de la Bible. Souvenirs personnels* (ed. P. Benoit; Chrétiens de tous les temps, 22; Paris: Cerf, 1967), p. 17.

[23] *EB*, § 124.

[24] *EB*, § 125.

umano avrebbe scelto con la semplice assistenza divina. La difficoltà risiede evidentemente nella strana spiegazione dell'attività umana ed è per questo che la teoria del cardinale Franzelin non aveva convinto. Ma quando Leone XIII scrive che Dio «così stimolò e mosse a scrivere con la sua virtù soprannaturale gli autori ispirati, e così li assisté mentre scrivevano, ...», il papa riprende in realtà i termini del cardinale Franzelin, come ha notato il P. Bea,[25] e perciò non lo critica affatto.

Tuttavia, subito dopo l'enciclica di Leone XIII, alcuni domenicani, tra i quali soprattutto il P. Lagrange fin dal 1895, ricusando la dicotomia proposta dal cardinale Franzelin, ritornarono alla dottrina tomista della causalità principale e della causalità strumentale. P. Grelot la riassume in questi termini: «Nel libro sacro tutto è perciò da Dio e tutto dall'uomo, sia il pensiero che il linguaggio; la personalità e la libertà degli autori si esprimono pienamente sotto l'impulso divino e meritano per questo fatto uno studio attento. Dopo discussioni, che il contesto del modernismo non avrebbe sempre reso serene, questo modo di vedere è stato ufficialmente consacrato nell'enciclica *Divino afflante Spiritu* [di Pio XII: *EB*, §§ 556-557]».[26]

Questo fu, nelle sue linee principali, l'insegnamento di Leone XIII in ermeneutica biblica. Ho cercato di evidenziare gli elementi che ne costituivano la principale posta in gioco, come pure l'eco che ricevettero nei decenni che seguirono la promulgazione dell'enciclica. Dobbiamo ora rivolgersi verso Pio XII nel 1943, cinquant'anni dopo l'enciclica *Providentissimus* di Leone XIII. Ma anche qui, per ben comprendere l'importanza della nuova enciclica *Divino afflante Spiritu*, è opportuno ricordarne il contesto e gli eventi principali che ne avevano richiesto la pubblicazione.

II. *Il pontificato di Pio XII*

1. **I cinquant'anni prima della enciclica *Divino afflante Spiritu***

Quando, il 30 settembre 1943, festa di san Girolamo, «massimo dottore nell'esporre le sacre Scritture»,[27] il papa Pio XII firma la sua

---

[25] A. Bea, «Inspiration et inerrance», *Supplément au Dictionnaire de la Bible*, tome IV (Paris: Letouzey et Ané, 1949), col. 518. Cfr. in senso diverso, L. Pirot, «L'inspiration», in *Initiation biblique. Introduction à l'étude des Saintes Ecritures*, edd. A. Robert – A. Tricot (Paris–Tournai–Rome: Desclée, 1939), pp. 14-15.

[26] P. Grelot, *Bible et Théologie. L'ancienne alliance — L'Ecriture Sainte* (Paris: Desclée, 1965), p. 99.

[27] *EB*, § 569.

enciclica *Divino afflante Spiritu*, mette fine con chiarezza a un mezzo secolo in cui agli esegeti non erano mancate le difficoltà, ma anche a un mezzo secolo nel corso del quale era stato intrapreso un lavoro in profondità.

Non è mia intenzione tracciare qui cinquant'anni della storia dell'esegesi, ma se si vuol comprendere l'esplosione di gioia con cui fu accolta l'enciclica di Pio XII sugli studi biblici è necessario ricordare almeno gli eventi principali che segnarono l'intervallo che la separa da quella di Leone XIII.

A. *Marie-Joseph Lagrange*

L'Ecole Biblique di Gerusalemme, fondata nel 1890, tre anni prima dell'enciclica *Providentissimus* di Leone XIII, s'impose molto presto per la serietà del suo lavoro. Oltre ai corsi e alle escursioni, essa offriva dal 1892 una pubblicazione scientifica periodica, la *Revue Biblique*, il cui successo ed influenza furono innegabili. Animatore di tutto ciò era il Padre Lagrange, O.P., che avrebbe attraversato da una parte all'altra tutto questo periodo di crisi e di fermenti, essendo morto nel 1938, cinque anni prima della pubblicazione dell'enciclica di Pio XII, la quale non mancava di rendere omaggio all'Ecole Biblique.

Nel 1897 il P. Lagrange aveva pronunziato a Friburgo una conferenza su «Le fonti del Pentateuco», pubblicata all'inizio dell'anno seguente nella *Revue Biblique*, che diede fuoco alle polveri.[28] Molti cattolici non erano ancora pronti a sentire un tale discorso, che tuttavia enunciava solo dei principi. Riprendendo l'insieme della problematica biblica nelle sue conferenze di Tolosa del 1902 sul «Metodo storico», pubblicate l'anno seguente, P. Lagrange si rivelava uno dei protagonisti dell'esegesi cattolica del tempo, ma discusso e perfino contestato.[29] Loisy, suo contemporaneo, continuava da parte sua la sua opera di scienza, ma anche di demolizione. A poco a poco, insidiosamente, nasceva il modernismo.

B. *La Pontificia Commissione Biblica*

Leone XIII, nell'anno precedente la sua morte, aveva anche istituito la Pontificia Commissione Biblica. Si era nel 1902. Il vecchio pontefice aveva sempre in vista il progresso degli studi

---

[28] M.-J. Lagrange, «Les sources du Pentateuque», *Revue Biblique* 7 (1898) 10-32.

[29] M.-J. Lagrange, «Bulletin» [Méthode historique dans l'étude de l'Ancien Testament], *Revue Biblique* 12 (1903) 134-139.

biblici e rimaneva convinto che era preferibile un cammino in avanti. All'inizio del pontificato di Pio X scoppiò la crisi modernista e il papa ritenne che la cura dovesse essere appropriata. La sua enciclica *Pascendi* e il decreto *Lamentabili*, del 1907, misero il dito sulla piaga. Nel frattempo la Commissione Biblica si era impegnata in una serie di decreti la cui portata fu percepita come curativa, ma anche restrittiva. L'esegesi scientifica si sentiva imbavagliata; il P. Lagrange, ad esempio, preparava un commentario scientifico sul libro della Genesi: il papa in persona ne vietò la pubblicazione (1907). Come scrive Dom Jacques Dupont,[30] «i Decreti portarono a un periodo particolarmente difficile e pericoloso per la vita della Chiesa, mentre essa doveva far fronte agli attacchi condotti dall'esterno e al tempo stesso a un lavoro di demolizione condotto, anche in seno ad essa, dal modernismo. Situazione resa ancora più pericolosa dal fatto che la scienza biblica cattolica non era preparata a superare questi ostacoli. Ci si trovava come in stato d'assedio. A situazione eccezionale, misure eccezionali».

C. *Il Pontificio Istituto Biblico*

È in questo clima di tensione che fu creato da Pio X nel 1909 il Pontificio Istituto Biblico, la cui gestione fu da lui affidata alla Compagnia di Gesù. Fondato con lo scopo di aiutare la Chiesa e la Santa Sede a sconfiggere il pericolo modernista con una fedeltà esemplare al Magistero, fornito dei migliori strumenti disponibili per un approccio alla Scrittura al tempo stesso scientifico e di devozionale rispetto, l'Istituto Biblico apparve ben presto come l'antidoto dell'Ecole Biblique dei domenicani di Gerusalemme, la cui fiducia era intaccata. Nel 1912 il P. Lagrange lasciò anche l'Ecole, ma nel giugno del 1913 lo stesso Pio X lo invitò a riprendere la sua missione.

D. *Gli anni dopo la prima guerra mondiale*

a. Marie-Joseph Lagrange

Gli anni del dopoguerra furono diversi. Il modernismo aveva perso la sua forza, ma l'esegesi cattolica, soprattutto per l'Antico Testamento, stagnava. Per il Nuovo Testamento la situazione era nettamente migliore. Il P. Lagrange, considerando sbarrata la strada dell'Antico Testamento, si orientò fin dal 1907 verso il Nuovo e, dal 1911 al 1925, pubblicò i suoi grandi commentari

---

[30] J. Dupont, «A propos du nouvel Enchiridion Biblicum», *Revue Biblique* 62 (1955) 414-419.

scientifici sui quattro vangeli e sulle lettere ai Romani e ai Galati. Nel 1929 appariva la grande opera apologetica del P. Léonce de Grandmaison, S.J., su *Gesù Cristo, la sua persona, il suo messaggio, la sua opera.*

b. Il Pontificio Istituto Biblico

Per l'Antico Testamento, la messa all'Indice di alcune opere non contribuì certo ad abbassare la tensione. L'Istituto Biblico, che nel 1920 aveva creato la sua rivista *Biblica*, si impegnava in lavori biblici fondamentali, di cui la *Grammaire de l'hébreu biblique*, pubblicata dal P. P. Joüon nel 1923, rimane l'esempio migliore.

c. La crisi dell'Antico Testamento

Non c'è perciò da meravigliarsi se, nel 1929, il P. J. Levie pubblicava un articolo dedicato a «La crisi dell'Antico Testamento».[31] Dopo aver ricordato il contributo archeologico e documentario fornito dal Vicino Oriente da una sessantina d'anni, egli si domandava che cosa ne avesse tratto l'esegesi cattolica per una migliore comprensione dell'Antico Testamento. «Un gran numero di esegeti, egli scriveva, — e spesso i più competenti e i più perspicaci — pienamente consapevoli dei gravi problemi storici o teologici posti oggi dall'Antico Testamento, pensano di dover soprassedere, per un po' di tempo, a ogni sforzo di sintesi; si specializzano in una delle branche ausiliari della Bibbia... o nello studio esclusivo di una limitata epoca o di un libro particolare, che si prestano meno a controversie».[32] In effetti in ambiente cattolico non vedevano la luce studi seri sulla Genesi, l'Esodo o Isaia.

d. Agostino Bea

Mi sembra che l'arrivo del P. Agostino Bea al rettorato del Pontificio Istituto Biblico, nel 1930 e per diciannove anni, segnò una svolta, all'epoca poco percepibile ma molto reale. I suoi appunti scolastici sul «Pentateuco», del 1928, subirono una revisione nel 1934 e il P. M. Lobignac s'interessò anche di segnalare tutti i cambiamenti verso una maggiore apertura,[33] cosa che però non piacque molto al P. Bea. Incontrando il P. Lagrange a Gerusalemme alla fi-

---

[31] J. Levie, «La crise de l'Ancien Testament. Soixante années d'études bibliques», *Nouvelle Revue Theologique* 56 (1929) 818-839.

[32] Ibid., p. 829.

[33] M. Lobignac, «Bulletin d'exégèse de l'Ancien Testament», *Recherches de Science Religieuse* 24 (1934) 229-256.

ne di settembre 1934, il P. Bea non riuscì a entrare in dialogo con il suo interlocutore che l'interrogava sui primi capitoli della Genesi (testimonianza del P. P. Benoit, O.P.). Tuttavia, l'anno seguente, nel 1935, invitato dai professori Volz ed Hempel a partecipare al congresso di Antico Testamento organizzato a Göttingen dagli esegeti protestanti tedeschi, il P. Bea ottenne senza difficoltà da Pio XI l'autorizzazione a recarvisi e vi pronunciò perfino il discorso finale. Infatti anche la situazione tra esegeti cattolici e protestanti cominciava a farsi più distesa.

e. La situazione dell'esegesi protestante

Infatti anche la situazione dell'esegesi protestante era mutata. Sotto l'influenza, tra gli altri, di Karl Barth, il cui commentario alla lettera ai Romani era apparso nel 1918, la teologia acquistava la sua centralità presso gli esegeti protestanti. Nel 1932 iniziava la pubblicazione del *Theologisches Wörterbuch zum Neuen Testament*, il cui impatto è a tutti noto. Sul piano critico, le posizioni ardite della fine del XIX secolo in materia, ad esempio, di datazione e di composizione dei testi si erano fatte più moderate; l'antichità dei testi fu nuovamente riaffermata, per i Salmi, ad esempio, da H. Gunkel nel 1926: lo permetteva una migliore conoscenza dell'ambiente, grazie alle nuove scoperte archeologiche. Di H. Gunkel va ricordata anche la sua introduzione postuma ai Salmi (1933), in cui determinava per molto tempo i loro generi letterari. Pio XII avrebbe riconosciuto questi promettenti cambiamenti.

f. Pio XI e *Mit brennender Sorge*

Di Pio XI ricorderò soprattutto un passo della sua enciclica *Mit brennender Sorge* del marzo 1937, in cui, condannando il nazismo, egli si opponeva, tra l'altro, a un nuovo marcionismo dalle conseguenze terrificanti: «I libri sacri dell'Antico Testamento sono interamente Parola di Dio e costituiscono una parte sostanziale della sua Rivelazione... Chiunque voglia bandire dalla Chiesa e dalla scuola la storia biblica e la sapienza delle dottrine dell'Antico Testamento bestemmia il nome di Dio, bestemmia il piano di salvezza dell'Onnipotente, erige un pensiero umano stretto e limitato a giudizio dei disegni divini sulla storia del mondo»;[34] e il papa aggiungeva che un simile atteggiamento rendeva incomprensibile la figura di Cristo, nato dal popolo dell'antica alleanza.[35] Queste chiare affer-

---

[34] *Acta Apostolicae Sedis* 29 (1937) 150-151.
[35] Ibid., 151.

mazioni di Pio XI, legate per la loro origine al dramma del popolo ebraico sotto Hitler, hanno un valore perpetuo e devono liberare tutta l'esegesi cristiana da una tentazione che riaffiora spesso: il papa riaffermava il carattere sacro dei libri dell'Antico Testamento.

g. Apello per maggiore libertà per gli studiosi cattolici

Infine, solo da alcuni anni conosciamo un episodio strano in cui Jean Guitton servì da sorprendente intermediario. J. Guitton aveva fatto visita al P. Lagrange a Gerusalemme nel 1935 e questi lo aveva pregato di redigere un testo indirizzato alla Santa Sede sulla necessità di favorire la ricerca degli esegeti cattolici. Questo documento di alcune pagine, intitolato: «Osservazioni sulla situazione fatta agli studiosi cattolici di Francia per ciò che riguarda gli studi biblici»,[36] fu consegnato nel 1937 a Pio XI attraverso il cardinale Tisserant. L'avevano firmato diverse decine di universitari francesi. J. Guitton vi sosteneva che «la spiacevole apparenza di un disaccordo tra l'insegnamento comune della Chiesa ... e l'insegnamento degli studiosi autorevoli ha incresciose conseguenze sia tra le persone colte che tra gli umili»:[37] gli studiosi cattolici, ad esempio, si scoraggiavano o si rifugiavano nel silenzio. Egli mostrava poi come il clero fosse poco preparato e come diventassero sempre più rari e discreti coloro che potevano illuminarlo; segnalava allora il silenzio che all'epoca ancora circondava il commentario della Genesi preparato dal P. Lagrange e l'introduzione critica al libro di Isaia che aveva in manoscritto il P. Condamin. Domandava infine che agli studiosi cattolici fosse concessa la dovuta libertà per affrontare gli studi critici; ne sarebbe risultata una difesa e un'illustrazione della nostra fede. In particolare J. Guitton scriveva: «Sarebbe ... molto auspicabile che i decreti della Commissione degli Studi Biblici lasciassero maggiore libertà agli studiosi cattolici».[38] Queste osservazioni, saggiamente sviluppate, sembrano aver impressionato Pio XI, stando a quando dice lo stesso J. Guitton, ma il pontefice non si sentiva più all'altezza di aprire questo dossier. Vi avrebbe provveduto il suo successore.

h. Un opuscolo anonimo denigratorio

Pio XII, eletto al soglio pontificio nel marzo 1939, era a conoscenza di questo dossier. Ma un opuscolo, dal tono e dagli

---

[36] J. Guitton, *Le Christ de ma vie. Dialogue avec Joseph Doré* (Jésus et Jésus Christ. Résonances, 1; Paris: Desclée, 1987), pp. 257-266.
[37] Ibid., p. 258.
[38] Ibid., p. 265.

obiettivi diametralmente opposti, avrebbe suscitato un primo intervento discreto della Santa Sede. Alla fine della primavera del 1941, questo opuscolo anonimo (ma in realtà dovuto alla penna di don D. Ruotolo), di una quarantina di pagine, fu inviato a tutti i vescovi d'Italia. In esso si criticava l'esegesi scientifica e i metodi d'insegnamento utilizzati al Pontificio Istituto Biblico, di cui P. Bea era rettore: tutto questo, diceva l'opuscolo, non faceva che «seminare rovina nelle anime» e causare «una profonda decadenza». La reazione della Commissione Biblica non si fece attendere e il 20 agosto inviò a tutti i vescovi d'Italia una lettera, di cui lo stesso Pio XII aveva ordinato la spedizione.[39] La Commissione Biblica rispondeva punto per punto all'opuscolo che aveva attaccato l'esegesi scientifica: la Commissione, al contrario, raccomandava lo studio del senso letterale, nella linea tracciata da Leone XIII; precisava che l'«autenticità» della Volgata era giuridica e che non escludeva il ricorso ai testi originali; riconosceva il valore positivo della critica testuale e incoraggiava infine lo studio delle lingue orientali e delle scienze ausiliari dell'esegesi. In breve, veniva dato l'avvio.

2. L'enciclica *Divino afflante Spiritu*

A. *L'occasione per l'enciclica*

L'occasione per l'enciclica *Divino afflante Spiritu* fu offerta a Pio XII dal cinquantesimo anniversario di quella di Leone XIII. Pio XII intendeva non solo celebrare l'opera del suo predecessore, ma anche confermarla e prolungarla in funzione delle nuove circostanze. L'enciclica *Divino afflante Spiritu* si compone di due parti; la prima è storica: Pio XII vi traccia, a partire da Leone XIII, l'opera dei suoi predecessori in favore degli studi biblici; la seconda è dottrinale: è in questa che il pontefice apporta gli elementi più nuovi del suo magistero in campo biblico.

B. *La parte storica dell'enciclica*

Fin dall'inizio della sua parte storica, Pio XII ricorda che Leone XIII aveva lo scopo «di esporre la dottrina della verità dei Libri sacri e difenderla dagli attacchi avversari».[40] Anche della famosa frase oscura di Leone XIII di cui ho parlato sopra, «Haec ipsa ...», Pio XII ricorda l'interpretazione che ne dava Benedetto

---

[39] *EB*, § 522-523.
[40] *EB*, § 539.

XV nella sua enciclica *Spiritus Paraclitus* del 1920, cioè che quanto è stato detto a proposito delle scienze naturali «gioverà applicarlo anche 'alle scienze affini, specialmente alla storia', confutando in maniera non molto diversa 'i sofismi degli avversari' e sostenendo 'contro le loro obiezioni la verità storica della sacra Scrittura'».[41] Il punto viene notato. Pio XII qui non fa altro che ricordare il passato, senza chiarire il significato della frase oscura di Leone XIII: pone semplicemente le basi di ciò che svilupperà nella sua parte dottrinale.

C. *La parte dottrinale dell'enciclica*

Questa inizia con un elogio dei progressi realizzati nella conoscenza dell'ambiente biblico antico: le scoperte archeologiche hanno permesso di meglio conoscere «le lingue, le letterature, gli avvenimenti, i costumi e i culti di antichissime popolazioni»;[42] in particolare, «il modo di parlare, di narrare, di scrivere proprio agli antichi con innumerevoli esempi fu messo in piena luce».[43]

Dal punto di vista ermeneutico, ci soffermeremo sulle prime tre sottosezioni della parte dottrinale: 1) ricorso ai testi originali; 2) l'interpretazione dei Libri sacri; 3) speciali compiti degli interpreti ai nostri tempi. Da notare che la versione italiana dell'enciclica apparsa in *Acta Apostolicae Sedis* inserisce dei sottotitoli, ai quali faccio riferimento.[44]

1) Il ricorso ai testi originali, raccomandato già da Agostino, praticato da Girolamo e dai commentatori dei secoli XVI e XVII, è giustificato: «Dovere dell'esegeta indubbiamente è raccogliere con somma cura, e con venerazione quasi afferrare ogni apice anche minimo, che provenga dalla penna dell'agiografo sotto l'azione del divino Spirito, al fine di penetrarne a fondo e pienamente il pensiero».[45] Si tratta quindi di entrare in comunione con il pensiero dello stesso autore ispirato.

Stessa giustificazione della critica testuale: essa si era notevolmente affinata dopo Leone XIII e il grosso volume di critica testuale razionale del Nuovo Testamento, pubblicato nel 1935 dal P. Lagrange in collaborazione con P. St. Lyonnet ne era una eccellente testimonianza.[46] Pio XII precisa che questo tipo di lavoro «è

---

[41] *EB*, § 539.
[42] *EB*, § 546.
[43] Ibid.
[44] *Acta Apostolicae Sedis* 35 (1943) 327-351.
[45] *EB*, § 547.
[46] L.-J. Lagrange, *Introduction a l'étude du Nouveau Testament*. Deuxième partie. *Critique textuelle*. II. *La critique rationnelle*. Avec la collaboration du R. P. St. Lyonnet (Études bibliques; Paris: J. Gabalda, 1935).

imperiosamente richiesto da quella pietà, che deve renderci sommamente grati a qual provvidentissimo Dio, che questi libri a noi, quasi a propri figli, mandò quali paterne lettere dal trono della sua maestà».[47]

Si può vedere il progresso operato a partire da Leone XIII. Questi aveva appena aperto la porta; Pio XII la spalanca.

2) L'interpretazione dei Libri sacri deve dedicarsi «con massima cura (*illud omnium maximum curandum esse*)»[48] alla precisazione del senso letterale. Leone XIII lo aveva già detto. Pio XII mostra che l'esegeta deve intendere il senso letterale in tutta la sua ampiezza: gli esegeti «porranno particolare attenzione a non limitarsi... ad esporre ciò che tocca la storia, l'archeologia, la filologia e simili altre materie; diano pure a luogo opportuno tali notizie in quanto possono contribuire all'esegesi, ma principalmente mettano in vista la dottrina teologica di ciascun libro o testo intorno alla fede e i costumi».[49] Il senso letterale include quindi la teologia e non può essere considerato come puramente profano. Tutto lo sviluppo della teologia biblica durante questo secolo e soprattutto a partire dal 1943 si fonda su una tale comprensione del senso letterale.

Questo non vuol dire il rifiuto del senso spirituale, che gli esegeti hanno ugualmente il dovere di scoprire ed esporre, «purché realmente risulti che Dio ve lo ha posto»;[50] «si guardino invece scrupolosamente dal presentare come genuino senso della sacra Scrittura altri valori figurativi delle cose»,[51] di cui non sarebbe autore Dio, ma provenienti dall'abilità de commentatori. Qui l'enciclica è di una grande sobrietà; non tenta di stabilire la teoria del senso spirituale né di suddividerlo alla maniera dei padri, ma si limita a precisarne l'origine: «Quello che nell'Antico Testamento fu detto o fatto, venne da Dio con somma sapienza ordinato e disposto in tal modo, che le cose passate prefigurassero le future da avverarsi nel nuovo Patto di grazia».[52]

Del resto lo studio dei padri della Chiesa, dei suoi dottori e dei grandi commentatori riceve incoraggiamento da Pio XII: essi «spiccano per un certo soave intuito delle cose celesti e per un meraviglioso acume di mente, con i quali penetrano sino all'intimo

---

47 *EB*, § 548.
48 *EB*, § 550.
49 *EB*, § 551.
50 *EB*, § 552.
51 *EB*, § 553.
52 *EB*, § 552.

le profondità della divina parola e traggono alla luce quanto può giovare ad illuminare la dottrina di Cristo e a promuovere la santità della vita».[53] Sappiamo come questo ricorso all'esegesi antica tenda finalmente a svilupparsi tra i biblisti.

3) I compiti speciali per i nostri tempi: è su questo punto che Pio XII apporta la novità più grande ed è anche qui che chiarifica la frase oscura di Leone XIII alla quale ho fatto già riferimento varie volte. Mi sembra che la logica dell'argomentazione di Pio XII meriti un'attenzione particolare.

Pio XII pensa chiaramente alle questioni sollevate dalla storia: *et praesertim quae ad historiam spectant*,[54] egli scrive, mentre Leone XIII diceva: *ad historiam praesertim*, e il titolo che apre, nella versione italiana ufficiale della *Divino afflante Spiritu*, il paragrafo dedicato ai generi letterari aggiunge: «specialmente nella storia». Concretamente parlando, il papa pensa soprattutto ai testi dell'Antico Testamento e segnala innanzitutto le difficoltà presentate dai primi capitoli della Genesi fin dai tempi dei padri della Chiesa. L'esegesi deve progredire ancora.

«La suprema norma di interpretare è ravvisare e stabilire che cosa si proponga di dire lo scrittore».[55] Questa regola si giustifica oggi più facilmente sul piano teologico grazie al progresso compiuto nella spiegazione del carisma dell'ispirazione; l'autore sacro «è strumento dello Spirito Santo, ma strumento vivo e dotato di ragione, ... talmente fa uso delle sue proprie facoltà e potenze, che dal libro per sua opera composto tutti possono facilmente raccogliere [come diceva Benedetto XV] 'l'indole propria di lui e come le sue personali fatezze e il suo carattere'».[56] In base a questo principio, l'esegeta ricercherà anche «quali forme del dire si avvalga»[57] l'autore sacro.

Ed eccoci ai generi letterari, «specialmente nella storia». Il senso letterale non si determina solo con la filologia o con il ricorso al contesto; «l'interprete deve quasi tornare con la mente a quei remoti secoli dell'Oriente, e con l'appoggio della storia, dell'archeologia, dell'etnologia e di altre scienze, nettamente discernere quali generi letterari abbiano voluto adoperare gli scrittori di quella remota età».[58] Quali siano queste «forme o generi del dire»,[59] «l'esegeta non

---

[53] *EB*, § 554.
[54] *EB*, § 555.
[55] *EB*, § 557.
[56] *EB*, § 556.
[57] *EB*, § 557.
[58] *EB*, § 558.

lo può stabilire a priori, ma solo dietro un'accurata ricognizione delle antiche letterature d'Oriente».[60] «A nessuno, che abbia un giusto concetto dell'ispirazione biblica, fa meraviglia che anche negli scrittori sacri, come in tutti gli antichi, si trovino certe maniere di esporre e di narrare, certi idiotismi propri specialmente delle lingue semitiche, certi modi iperbolici o *approssimativi*, talora anzi paradossali, che servono a meglio stampare nella mente ciò che si vuol dire. Delle maniere di parlare, di cui presso gli antichi, specialmente orientali, si serviva l'umano linguaggio per esprimere il pensiero nella mente, nessuna va esclusa dai Libri sacri, a condizone però che il genere di parlare adottato non ripugni affatto alla santità di Dio né alla verità delle cose».[61]

L'esegeta considererà quindi come suo dovere studiare il genere letterario del testo che esamina. Là dove alcuni rimproverano agli autori sacri di aver mancato contro la verità storica, si potrà scoprire che essi utilizzavano un genere letterario abituale nel loro tempo e, di conseguenza, giustizia esige che non li si taccia di errore. Questo metodo di ricorso allo studio dei generi letterari permetterà di «sciogliere molte obiezioni sollevate contro la veridicità e il valore storico delle divine Scritture; e non meno porterà un tale studio ad una più piena e più luminosa comprensione del pensiero del sacro autore».[62]

Un'ultima conseguenza è tratta da Pio XII: gli esegeti hanno molto da guadagnare se non trascurano le scoperte delle antichità del Vicino Oriente e, come aveva già detto Leone XIII, i laici impegnati nelle scienze profane utilizzate in questi campi rendono un eminente servizio, soprattutto quando il frutto del loro lavoro può illuminare la Bibbia.[63]

Da notare infine che Pio XII non mancava di riconoscere che lo studio dei generi letterari si era sviluppato «nel corso degli ultimi decenni (*postremis hisce decenniis*)»:[64] mi sembra indubbio, come diceva il P. J. Levie nel 1946 commentando l'enciclica,[65] che il papa faccia qui riferimento anche al P. Lagrange, che aveva affermato fin dal 1903 che "l'ispirazione non cambia le condizioni dei generi letterari. Ciascuno deve essere interpretato secondo le sue regole.(...)

---

[59] Ibid.
[60] Ibid.
[61] *EB*, § 559.
[62] *EB*, § 560.
[63] *EB*, § 561.
[64] *EB*, § 558.
[65] J. Levie, «L'encyclique sur les études bibliques. Deuxième partie: doctrinale (suite)», *Nouvelle Revue Théologique* 68 (1946) 766-798, specialmente p. 782, n. 15.

[Questa formula] mi pare ancora la più appropriata a risolvere le difficoltà sollevate contro la veridicità della Bibbia».[66]

Avrei terminato con l'ermeneutica biblica esposta da Pio XII se non dovessi notare come l'enciclica resti sulle generali. Nessun testo biblico riceve dal pontefice un'illuminazione particolare, mentre ha evidenziato le difficoltà di interpretazione dei primi capitoli del libro della Genesi. Nel 1948, una lettera della Commissione Biblica al cardinale Suhard indica, a proposito delle fonti del Pentateuco, della storicità dei primi undici capitoli della Genesi e dei loro generi letterari, le difficoltà della ricerca; essa aggiunge che i decreti della Commissione Biblica pubblicati sull'argomento all'inizio del secolo «non si oppongono minimamente a un ulteriore esame veramente scientifico di quei problemi secondo i risultati acquisiti in questi ultimi quarant'anni».[67]

III. *Conclusione*

Qualche parola di conclusione. È passato mezzo secolo dalla pubblicazione dell'enciclica di Pio XII. Le difficoltà maggiori in esegesi, a partire dall'enciclica di Leone XIII, riguardavano chiaramente l'Antico Testamento. Il magistero di Pio XII permise di sbloccare una situazione diventata angosciosa e questo sblocco si fece nella chiarezza e, aggiungiamo noi, nella carità, che il pontefice raccomandò molto vivamente. D'altra parte, tutto il dibattito aveva riguardato la veridicità dei testi biblici. Mi sembra che due questioni avrebbero dovuto necessariamente essere chiarite, l'una riguardante questa volta il Nuovo Testamento e in particolare i vangeli, e l'altra riguardante il problema della verità o di quella che veniva chiamata l'inerranza biblica.

---

[66] M.-J. Lagrange, *La méthode historique surtout à propos de l'Ancien Testament* (Études bibliques; Paris: Lecoffre, 1903), p. 94.

[67] *EB*, § 579.

Dopo la *Divino afflante Spiritu* Progressi e Problemi dell'esegesi cattolica

ALBERT VANHOYE, S.J.

Dopo la magistrale relazione di Padre Maurice Gilbert sulle encicliche commemorate in questo Atto Accademico, tocca a me parlare dell'evoluzione ulteriore della situazione dell'esegesi cattolica e descrivere i progressi effettuati e i problemi incontrati. In una prima parte riferirò sugli interventi del Magistero della Chiesa in materia esegetica, poi considererò il problema del rapporto tra l'esegesi scientifica e la fede, infine metterò in rilievo alcuni aspetti promettenti della situazione attuale dell'esegesi.

I. *Nuovi interventi del Magistero della Chiesa*

1. Il problema delle Risposte della Commissione Biblica

L'Enciclica *Divino afflante Spiritu* non ebbe subito l'eco che si meritava, perché fu pubblicata in pieno tempo di guerra, «mentre — così dice lo stesso testo dell'enciclica, — quasi tutti i popoli e le nazioni (erano) immerse in un mare di calamità, mentre un'orrenda guerra accumula(va) rovine sopra rovine e stragi sopra stragi».[1] In tali circostanze, sarebbe stato abbastanza naturale pensare che non era il momento di fare un discorso sull'interpretazione della Bibbia. L'enciclica però rispondeva con una riflessione di san Gerolamo, il quale diceva: «Se c'è qualcosa che in questa vita sostenga l'uomo saggio fra le sciagure e gli sconvolgimenti del mondo [...] io penso che sia in primo luogo la meditazione e la scienza delle Scritture» (S. Hieronymus, *In Ephesios*, Prol. [*Patrologia Latina* 26,439]).[2]

Tornata la pace, l'enciclica fu accolta con viva soddisfazione dagli esegeti per i preziosi incoraggiamenti dati agli studi biblici, le lodi indirizzate all'École Biblique di Gerusalemme[3] e al Pontificio Istituto Biblico[4] e soprattutto per gli orientamenti proposti con tanta apertura di spirito.

---

1 *EB*, § 568.
2 *EB*, § 568.
3 *EB*, § 541.
4 *EB*, §§ 542-543, 545.

Restava però un grosso problema nella relazione tra esegesi e magistero, quello cioè delle decisioni emesse anteriormente sulle questioni bibliche più scottanti. Il Papa Leone XIII aveva istituito nel 1902 un Consiglio Pontificio, chiamato poi «Commissione Biblica», il quale era un organo del Magistero Ecclesiale. Infatti il Papa gli aveva dato una struttura simile a quella delle Sacre Congregazioni: la Commissione Biblica era composta di cardinali, aiutati da «consultori» competenti in materia biblica.[5] Un *Motu proprio* posteriore di Pio X, aveva precisato esplicitamente che «tutti» nella Chiesa erano «tenuti in coscienza *a sottomettersi* alle decisioni della Pontificia Commissione Biblica [...] *allo stesso modo che ai decreti delle Sacre Congregazioni riguardanti la dottrina e approvati dal Papa*» (testo sottolineato nell'originale). Chi esprimeva un parere contrario a queste decisioni incorreva in una «colpa grave».[6] Dall'anno 1905 in poi, la Commissione Biblica aveva pubblicato una serie di «risposte» sulle questioni più dibattute: sulla teoria delle citazioni implicite, su quella delle «apparenze» in materia storica, sull'attribuzione a Mosè della composizione del Pentateuco, sulla storicità di quanto è raccontato nei primi capitoli della Genesi ecc. In queste risposte si manifestava anzitutto una tendenza conservatrice, motivata dalla preoccupazione pastorale. Per gli esegeti erano divenute un impedimento gravoso, che limitava molto, se non la ricerca personale, almeno la pubblicazione degli studi effettuati. L'enciclica non aveva fatto il minimo accenno a questi documenti magisteriali.

2. **La lettera al Card. Suhard (1948)**

Per tentare di sbloccare la situazione, l'arcivescovo di Parigi, Cardinale Suhard, sottopose al S. Padre, in una lettera, due domande che riguardavano, la prima, le fonti del Pentateuco; la seconda, la storicità dei primi undici capitoli della Genesi. Queste due domande erano già state poste, quarant'anni prima, alla Commissione Biblica, la quale, al suo solito, aveva dato risposte in cui si manifestava la preoccupazione di non rompere con «la costante tradizione della Chiesa», senza tuttavia chiudere completamente la porta a posizioni innovatrici. Sottoporre al Papa tali domande significava evidentemente chiedere alla Commissione Biblica di rimettere in questione le sue decisioni in proposito.

La risposta al Cardinale Suhard venne, il 16 gennaio 1948, sotto forma di una lettera inviatagli dall'allora segretario della Com-

---

[5] *EB*, § 145.

[6] Motuproprio *Praestantia Scripturae*, 18 novembre 1907 (*EB*, § 271).

missione Biblica, Padre Vosté, O. P., lettera espressamente approvata dal Santo Padre, come le precedenti «Risposte» della Commissione Biblica.[7] La lettera cominciava con l'esprimere il desiderio della Commissione «di promuovere gli studi biblici assicurando loro, dentro i limiti dell'insegnamento tradizionale della Chiesa, *la più completa libertà*» (sottolineo io); la lettera aggiungeva subito: «Questa libertà è stata affermata in termini espliciti dall'enciclica *Divino afflante Spiritu*».

L'espressione usata, cioè «assicurare la più completa libertà», manifestava una intenzione molto positiva. Tuttavia la precisazione fatta sui limiti, che dovevano essere quelli «dell'insegnamento tradizionale della Chiesa», non era priva di ambiguità, perché la sua interpretazione dipendeva dal contenuto attribuito all'insegnamento «tradizionale». Di che cosa si trattava? della grande Tradizione della Chiesa, potente dinamismo di fede viva, ovvero dell'insegnamento trasmesso dai manuali di teologia? In questo secondo caso, la libertà proclamata non sarebbe stata effettiva, perché in materia biblica, i manuali si conformavano doverosamente alle posizioni che la Commissione Biblica aveva fissato all'inizio del secolo.

Il contenuto successivo della lettera dissipava l'ambiguità. Diceva infatti, con ogni chiarezza, che le risposte anteriori della Commissione Biblica «non si opponevano in nessun modo a un ulteriore esame veramente scientifico di quei problemi, secondo i risultati acquisiti in questi ultimi quarant'anni».[8] La lettera considerava poi i due problemi in questione, ne dimostrava la complessità, e invitata «gli studiosi cattolici a studiarli *senza alcun partito preso*, alla luce di una sana critica e dei risultati delle altre scienze coinvolte in queste materie».[9] La libertà era dunque effettiva. L'orientamento dell'enciclica era mantenuto.

3. **L'affare della «Introduction à la Bible» (1958-1959)**

Le difficoltà, tuttavia, non scomparirono come d'incanto. Lo dimostra un episodio accaduto dieci anni dopo. Due professori dell'Istituto Cattolico di Parigi, André Robert e André Feuillet, avevano preparato un manuale d'introduzione alla Bibbia, accuratamente aggiornato. Siccome *Divino afflante* aveva incoraggiato esplicitamente gli esegeti a una ricerca delle «fonti, scritte o orali», adoperate nei libri della Bibbia,[10] gli autori avevano spiegato la composizio-

---

[7] *EB*, §§577-581.
[8] *EB*, §580.
[9] Ibid.
[10] *EB*, §557.

ne del Pentateuco a partire da quattro fonti o documenti, lo javista, l'eloista, il Deuteronomio e il sacerdotale.

Prima della pubblicazione inviarono a Roma le bozze per approvazione. Però invece dell'approvazione sperata trovarono una forte resistenza. La pubblicazione non si poteva fare. Il manuale non sarebbe autorizzato nei seminari. Ci furono trattative malagevoli, con l'aiuto del vescovo di Strasburgo, Mons. Weber, che era stato professore di Sacra Scrittura, di Padre Bea e di altre personalità. Alla fine una soluzione fu trovata: gli autori si sarebbero impegnati a dichiarare che l'opera non era un manuale per studenti di teologia, non era un *liber textus*, ma un libro destinato a chi avrebbe già acquisito una buona formazione teologica. A questa condizione, la pubblicazione sarebbe autorizzata. Così fu fatto: Mons. Weber stese una prefazione in cui spiegava questo e difendeva l'opera contro certe critiche prevedibili (in realtà, contro i rimproveri effettivamente ricevuti). Ma questa prefazione non fu ancora ritenuta sufficiente. Le autorità romane richiesero che alla prefazione fosse premessa una pagina di «avertissement», nella quale veniva proclamato che l'opera *non era* un manuale classico, *non era* un *liber textus* per le scuole di teologia. Adempiute queste condizioni, la pubblicazione fu effettuata nel 1959.[11]

4. **Il monito del S. Ufficio sulla verità storica (1961)**

Due anni più tardi, poco tempo, quindi, prima dell'apertura del Concilio, la Suprema Sacra Congregazione del S. Ufficio emanava un monito, il cui contenuto è significativo per i rapporti tra esegesi e dottrina di fede, perché si trattava di difendere «l'autentica verità storica e oggettiva della Sacra Scrittura».[12] Il Monito metteva in guardia contro «sentenze e opinioni» opposte a questa verità, non solo per quanto riguardava i libri dell'Antico Testamento, ma anche per il Nuovo Testamento e, in particolare, «circa le parole e le opere di Gesù Cristo». Non venivano date altre precisazioni. Il Monito restava molto generico.

Nello stesso tempo, ci furono attacchi contro l'insegnamento dato all'Istituto Biblico e in particolare contro due ottimi professori, P. S. Lyonnet e P. M. Zerwick, ai quali veniva rimproverato di compromettere la storicità di episodi evangelici importanti. Senza fare nessuna dichiarazione pubblica, la S. Sede impose al Vice-Gran

---

[11] *Introduction à la Bible* sous la direction de A. Robert et A. Feuillet (Tournai: Desclée. 1959), «Avertissement», p. 5; «Préface» de Mons. J.-J. Weber, pp. VII-IX.

[12] Monitum *Biblicarum disciplinarum*, 20 giugno 1961 (*EB*, § 634).

Cancelliere dell'Istituto di sospendere dall'insegnamento questi due professori. Questo fu fatto nell'ottobre 1962, all'inizio del Concilio. Diciamo subito che, dopo la sua elezione, Paolo VI fece ristabilire i due professori nelle loro cattedre.

5. L'Istruzione della Commissione Biblica sulla storicità dei vangeli (1964)

Torniamo al Monito del S. Ufficio per segnalare che comprendeva un Nota Bene, il quale precisava: «Questo monito viene pubblicato anche con il consenso degli Eminentissimi Padri della Pontificia Commissione Biblica»,[13] cioè dei Cardinali membri.

Accadde però che la Commissione Biblica non si accontentò del monito, generico e difensivo, del S. Ufficio, ma si preoccupò di dare precisazioni positive sul modo d'intendere la verità storica dei vangeli, alla duplice luce della fede della Chiesa e dei «nuovi mezzi dell'esegesi».[14] Una *Instructio* fu preparata accuratamente. La sua preparazione si protrasse durante le prime sessioni del Concilio. La pubblicazione avvenne il 21 aprile 1964. L'istruzione *Sancta Mater Ecclesia* sulla «Verità storica dei Vangeli» si rifà esplicitamente all'enciclica *Divino afflante Spiritu*, ne cita diversi passi,[15] in particolare quello che raccomanda lo studio dei generi letterari, dopo di che prende posizione riguardo al «metodo della storia delle forme», cioè della «*Formgeschichte*», inaugurato da R. Bultmann e M. Dibelius per l'esegesi dei Vangeli. Con una espressione prudente, ma non negativa, l'Istruzione dice: «Ove convenga, *è lecito* all'esegeta [sottint. 'cattolico'] esaminare gli elementi sani che si trovano nel metodo della storia delle forme e gli possono servire per una più completa intelligenza dei vangeli».[16]

Poi viene aggiunto un consiglio motivato: «Lo faccia tuttavia con cautela, perché spesso il suddetto metodo è connesso con princìpi filosofici e teologici da non ammettersi, i quali viziano non raramente sia il metodo stesso, sia le conclusioni in materia letteraria».[17] Seguono alcune precisazioni su questi falsi princìpi, ottimamente formulate, con sobrietà ed esattezza, e una osservazione finale che «tutte queste idee, non solo sono contrarie alla dottrina cattolica, ma mancano altresì di fondamento scientifico ed esulano dai retti

---

13 *EB*, § 634.
14 *EB*, § 646.
15 *EB*, §§ 645, 646.
16 *EB*, § 647.
17 Ibid.

princìpi del metodo storico».[18] Parlando dei «retti princìpi del metodo storico» la fine della frase, la quale è anche fine del paragrafo, ripropone l'atteggiamento positivo, incoraggiato all'inizio.

Viene allora la parte più sostanziosa del documento, la quale incomincia in questi termini: «Per decidere in modo corretto della solidità di quanto viene riferito nei vangeli, l'esegeta deve badare con diligenza alle tre tappe di tradizione attraverso le quali sono giunti a noi l'insegnamento e la vita di Gesù».[19] La prima tappa corrisponde al periodo del ministero pubblico di Gesù; la seconda al periodo della predicazione degli apostoli, dopo la morte e la risurrezione del Signore; la terza tappa consiste nella redazione dei quattro vangeli. Su ciascuna di queste tappe, l'Istruzione fa osservazoni precise, per caratterizzarle bene. Infine conclude che, per adempiere correttamente il suo compito, l'esegeta deve essere attento «a tutte queste cose che riguardano l'origine e la composizione dei vangeli» e fare «il debito uso di quanto di buono gli studi recenti hanno apportato». [20] Programma tanto stimolante quanto esigente. É chiaro, infatti, che l'esegeta non ha accesso diretto alla prima tappa né alla seconda, ma soltanto alla terza, attraverso la quale egli deve sforzarsi di risalire alla seconda e poi alla prima, in vista di raggiungere una intelligenza più completa dei vangeli e di permettere ai lettori moderni di «rendersi conto della solidità dell'insegnamento ricevuto», come dice S. Luca nel prologo del suo vangelo (Luca 1,4).

L'Istruzione *Sancta Mater Ecclesia* ha segnato quindi un notevole progresso, il quale, allo stesso tempo, ha suscitato molti problemi, perché non è facile discernere ciò che appartiene alle diverse tappe storiche ed è ancora più difficile educare la gente a una visione meno semplicistica della storicità dei vangeli.

6. La Costituzione Conciliare *Dei Verbum* (1965)

Un anno e mezzo dopo la pubblicazione dell'Istruzione *Sancta Mater Ecclesia*, cioè il 18 novembre dell'anno 1965, i Padri del Concilio votavano la Costituzione dogmatica «Dei Verbum», la quale, nel suo paragrafo 19, riprendeva tutta la sostanza dell'Istruzione, alla quale una nota faceva anche esplicito riferimento.[21] In altri paragrafi, la *Dei Verbum* si rifa ugualmente alle encicliche *Providentissimus* e *Divino afflante*,[22] specialmente nel capitolo III,

---

[18] Ibid.
[19] *EB*, § 648.
[20] *EB*, § 652.
[21] *EB*, § 698.
[22] *EB*, §§ 686-689.

che tratta dell'ispirazione divina della S. Scrittura e della sua interpretazione.

Non mi è possibile presentare qui tutte le ricchezze contenute in questo documento conciliare di primaria importanza. Mi limiterò ad alcune brevi osservazioni:

1) Il tema della Costituzione conciliare non è la Sacra Scrittura, ma «la divina rivelazione», tema più ampio. Il I cap. non parla affatto della Sacra Scrittura. Il II cap. parla in primo luogo della «predicazione orale» degli apostoli e soltanto in secondo luogo degli scritti ispirati. Tuttavia, dal cap. III in poi, la Costituzione tratta direttamente della Sacra Scrittura, che ritiene quindi l'attenzione in modo privilegiato.

2) Il Concilio ha rifiutato di parlare di «due fonti» della Rivelazione, come si soleva dire a proposito della Scrittura e della Tradizione. Volendo evitare una possibile dicotomia, ha preferito sottolineare che Tradizione e Scrittura «scaturiscono dalla stessa divina sorgente» e «sono strettamente congiunte e comunicanti tra loro» (n. 9),[23] anzi «formano in un certo qual modo una cosa sola» (ibid.),[24] «un solo sacro deposito della Parola di Dio, affidato alla Chiesa» (n. 10),[25] dal quale il Magistero della Chiesa «attinge tutto ciò che propone da credere come rivelato da Dio» (ibid.).[26] Ne segue che l'esegesi non può «scoprire con esattezza il senso dei sacri testi», se non tiene conto «della viva tradizione di tutta la Chiesa» (n. 12).[27]

3) Senza abbandonare l'affermazione dell'inerranza della Sacra Scrittura (cf. il «sine errore» del n. 11),[28] il Concilio ha preferito insistere meno su questo aspetto negativo e maggiormente sull'aspetto positivo di «verità», fondato sull'ispirazione divina: «I libri della Scrittura, dice, insegnano fermamente, fedelmente e senza errore la verità che Dio in vista della nostra salvezza volle fosse messa per iscritto nelle Sacre Lettere» (n. 11).[29] Il Concilio ha cambiato l'espressione «veritatem salutarem», proposta in un progetto anteriore, per evitare una interpretazione troppo limitativa, condannata nell'enciclica *Providentissimus*,[30] e ha adottato invece

---

[23] *EB*, § 682.
[24] Ibid.
[25] *EB*, § 683.
[26] *EB*, § 684.
[27] *EB*, § 690.
[28] *EB*, § 687.
[29] Ibid.
[30] *EB*, § 124.

una formulazione più complessa, che indica la finalità della rivelazione biblica, senza restringere l'inerranza alle sole «cose riguardanti la fede e i costumi».[31] La prospettiva positiva suggerisce tanto agli esegeti quanto a tutti i fedeli di non perdere molto tempo in problemi marginali e di dare maggior attenzione all'orientamento salvifico di tutta la storia biblica.

4) Sul rapporto tra la Sacra Scrittura e la Teologia, la *Dei Verbum* ha una frase significativa, che viene quindi continuamente citata: «Le Sacre Scritture contengono la Parola di Dio e, perché ispirate, sono veramente parola di Dio. *Lo studio della sacra pagina sia dunque come l'anima della Sacra Teologia*» (n. 24).[32] Questa frase sull'«anima della Teologia» si ispira a una dichiarazione dell'enciclica *Providentissimus*,[33] effettuando però un cambiamento importante. Mentre l'enciclica parlava di «uso» della Sacra Scrittura, la *Dei Verbum* parla di «studio» della Bibbia, come anima della Teologia. Questa nuova formulazione mette in rilievo l'importanza degli studi esegetici per assicurare alla teologia ispirazione autentica e vera vitalità. Non basta «usare» la Scrittura, citandone alcuni passi come *dicta probantia* a conferma di qualche tesi teologica; occorre «studiare» metodicamente la Scrittura. È doveroso, però, notare che la frase della *Dei Verbum* non va intesa in senso unilaterale, cioè come un obbligo imposto ai soli teologi di tenersi al corrente delle ricerche esegetiche, ma comprende anche conseguenze corrispondenti per gli stessi esegeti cattolici: essi debbono praticare l'esegesi in modo tale che possa effettivamente essere «come l'anima della Teologia». Non qualsiasi specie di esegesi ha questa capacità. Avremo occasione di tornare su questo punto.

Grazie all'istruzione *Sancta Mater Ecclesia* e maggiormente ancora grazie alla *Dei Verbum*, i rapporti tra esegesi scientifica e Magistero sono divenuti meno carichi di sospetti e di problemi. Anzi mi sembra che gli esegeti cattolici si sentano pienamente accettati e spalleggiati dalla Chiesa.

Riguardo al Magistero, la situazione dell'esegesi ha subito poi un cambiamento istituzionale abbastanza significativo, il quale, però, è rimasto inavvertito: la Commissione Biblica non è più un organo magisteriale. Nel 1971, un Motuproprio di Paolo VI ha cambiato la sua composizione e le sue mansioni. Non è più composta di Cardinali, ma di studiosi, esperti in scienze bibliche, «provenienti da di-

---

[31] Ibid.
[32] § 704.
[33] § 704.

verse Scuole e nazioni».[34] Quindi non ha più il potere di decidere le questioni con «Risposte» aventi valore di Decreti au quali tutti i cattolici si debbono sottomettere. É divenuta un organo consultivo, al servizio della Santa Sede e, in particolare, della Congregazione per la Dottrina della Fede, esattamente come la «Commissione Teologica Internazionale» istituita dopo il Concilio. Questo cambiamento di statuto manifesta un atteggiamento nuovo da parte del Magistero, che non ritiene più opportuno intervenire spesso con autorità su questioni bibliche, come al tempo della crisi modernista, ma preferisce affidarsi all'autorevolezza collegiale di un gruppo internazionale di esperti. Questo modo di fare presenta il grande vantaggio di essere più confacente all'attuale ecclesiologia di comunione, stimolata dal Concilio.

II. *Problema del rapporto tra esegesi scientifica e fede*

1. L'esegesi scientifica messa in questione

Alla fine di questa evoluzione positiva dei rapporti tra esegesi e Magistero, gli esegeti cattolici potevano sperare in un bel periodo di tranquillità e di serena collaborazione con la teologia. Questa speranza non si realizzò pienamente, perché, proprio nel tempo in cui il metodo storico-critico veniva ufficialmente approvato dal Magistero, cominciarono ad esprimersi varie contestazioni da altre provenienze. Da una parte, nel mondo scientifico, la limitatezza e l'insufficienza di questo metodo erano criticate. Una forte corrente di studi linguistici e letterari gli rimproverava di essere esclusivamente *diacronico*, cioè di essere unicamente attento alla elaborazione storica dei testi «attraverso il tempo» («*dia chronou*»), invece di studiare il significato della loro stesura finale. Veniva proposto di sostituirlo con uno studio *sincronico* di questo significato, che desse maggior attenzione alla struttura letteraria, o alla trama narrativa o alle tecniche rettoriche. D'altro canto, alla preoccupazione di ricostruire il passato subentravano diversi modi di interrogare i testi, collocandoli nelle prospettive del tempo presente, quelle della psicanalisi o della sociologia o della politica.[35]

A queste contestazioni venute dal mondo scientifico se ne aggiungevano altre, di tipo diverso, espresse dal punto di vista della fede e della vita cristiana. Molti credenti si lagnavano della sterilità del metodo storico-critico per la vita spirituale. «Invece di permette-

---

[34] Motuproprio «*Sedula cura*» (*EB*, § 722-739, cf. § 727.

[35] Cf. Documento della Pontificia Commissione Biblica, *L'interpretazione della Bibbia nella Chiesa* (Città del Vaticano: Libreria Editrice Vaticana, 1993), Introduzione.

re un accesso più facile e più sicuro alle sorgenti vive della Parola di Dio, questo metodo, dicevano, fa della Bibbia un libro chiuso, la cui interpretazione, sempre problematica, richiede una competenza tecnica che ne fa un campo riservato a pochi specialisti».[36] In un articolo celebre, dal titolo «Esegesi alla Sorbona, esegesi nella Chiesa», apparso nel 1975 nella *Revue Biblique*, P. Dreyfus riferiva questa testimonianza di un giovane: «Un giorno, mi sono imbattuto per caso nel libro di Amos. L'ho letto tutto di un fiato. Non capivo tutto, anzi, ma ciò che era alla mia portata era sufficientemente chiaro [...] è stato uno dei fattori della mia conversione. Poco tempo dopo, ho voluto approfondire il messaggio di Amos. Ho acquistato un commento del libro. Ah! amici miei, che delusione! Oh, ho imparato molte cose in quel commento: storia, geografia, sociologia, mitologia, ecc...ecc... Ma nulla che mi aiutasse a precisare queste esigenze di Amos, che avevano contribuito a cambiare la mia vita. Ho avuto l'impressone che il commentatore si interessasse a tutto, *fuorché alla sola cosa che interessava ad Amos*».[37] L'articolo di P. Dreyfus non ha perso la sua attualità. Perciò è stato ripubbblicato di recente in una traduzione italiana.[38]

Che sia ancora attuale, lo dimostrano le riflessioni espresse nel più recente fascicolo della rivista tedesca *Theologische Literaturzeitung* da un esegeta protestante, il Prof. Hans Hübner, il quale osserva con rammarico che l'esegesi si è «smarrita nella diffusione di un insignificante positivismo» e perciò «ha perso la sua funzione specifica primordiale, cioè il suo interno dinamismo teologico».[39] Questa costatazione desolante mi sembra tanto più significativa in quanto proviene da un professore protestante. Di per sé, i protestanti sono meno attaccati alla teologia, a causa del loro motto «*sola Scriptura*».

2. Deve l'esegesi scientifica prescindere dalla fede?

Mi pare quindi doveroso soffermarmi adesso su questo aspetto della situazione attuale, cioè sul problema dei rapporti tra esegesi e teologia come scienza della fede. Il mio discorso diventerà quindi più speculativo.

---

[36] Ibid.

[37] F. Dreyfus, «Exégèse en Sorbonne, exégèse en église», *Revue Biblique* 82 (1975) 321-359, p. 321.

[38] F. Refoulé – F. Dreyfus, *Quale esegesi oggi nella Chiesa?* (Reggio Emilia: San Lorenzo, 1993).

[39] *Theologische Literaturzeitung* 118 (1993) 604.

Sfortunatamente, la costatazione del Prof. Hübner corrisponde al modo in cui un esegeta cattolico ha presentato, nella *Revue théologique de Louvain*, il compito attuale dell'esegesi. L'autore, Prof. Sevrin, fa una distinzione radicale tra l'esegesi critica e la teologia. Chiede all'esegeta di «cancellare la propria soggettività, *di tenere in sospeso la sua fede* e i suoi dubbi».[40] Poi spiega: «Poiché l'esegesi è esercizio autonomo della ragione umana, essa non può dare un posto alla fede nelle sue operazioni e nei suoi criteri».[41] Secondo questo autore, l'esegeta deve cercare solo il senso umano del testo, con i soli criteri dell'umana ragione. «Arrivato, scrive, a una rappresentazione del senso umano e contingente del testo, l'esegeta passa la staffetta al teologo, ermeneutica integrale, al quale tocca mostrare come questo senso umano è effettivamente parola di Dio».[42] Questa è una divisione dei compiti molto netta, anzi troppo, perché stabilisce una completa eterogeneità tra esegesi e teologia.

Corrisponde a una certa corrente di opinione, che resta attaccata a un concetto univoco di scienza, modellato sulle scienze sperimentali della materia, — fisica, chimica e altre, — le quali si sforzano di raggiungere una perfetta oggettività. In questa prospettiva, per essere scientifica, l'esegesi deve prescindere dalla fede, considerata atteggiamento soggettivo. Ne risulta che l'esegesi non viene più praticata come disciplina teologica, «*fides quaerens intellectum*». In tal caso, — è un esegeta protestante a farlo notare, — l'esegesi non potrà mai essere utile alla teologia, giacché «è impossibile costruire un ponte da un contenuto descrittivo neutrale alla realtà teologica».[43] Occorre, dice questo autore, che l'esegesi si faccia «all'interno di un quadro esplicito di fede».

La posizione, che vuole imporre all'esegesi di prescindere dalla fede, proviene in realtà da una mancata percezione della specificità delle scienze umane e delle scienze teologiche. L'oggettività, nelle scienze umane, non può essere della stessa natura che nelle scienze della materia, proprio perché il loro oggetto è di natura radicalmente diversa, essendo costituito non da realtà materiali, ma da *soggetti* personali. È un grande errore, una dannosa illusione, prendere come modello ideale di scienza, per gli studi che riguardano le persone umane e la loro storia, le scienze sperimentali della materia. L'errore è ancora peggiore quando si tratta delle relazioni con Dio e della storia della salvezza.

---

[40] J.-M. Sevrin, «L'exégèse critique comme discipline théologique», *Revue théologique de Louvain* 21 (1990) 146-162, p. 152.

[41] Ibid., p. 157.

[42] Ibid., p. 159.

[43] B. S. Childs, «Interpretation in Faith», *Interpretation* 18 (1964) 432-449, p. 438. Devo questa referenza a D. Barthélemy, O.P., che ringrazio.

3. Fede e necessaria «pre-comprensione»

Qui mi pare quanto mai utile una riflessione sulla pre-comprensione necessaria per l'interpretazione di un testo. Bultmann ha attirato l'attenzione degli esegeti e dei teologi su questo aspetto della ricerca. Non è possibile accostarsi a un testo con un cervello vuoto. Inevitabilmente, il lettore o l'uditore viene al testo con le proprie idee in materia. Questo è normale, anzi è necessario per poter capire qualcosa del testo o del messaggio. Un cieco nato non è in grado di capire un discorso sui colori di un quadro, perché non ha nessuna precomprensione in materia di colori. É evidente, d'altra parte, che non qualsiasi precomprensione è ugualmente valida come punto di partenza per l'interpretazione di un testo. Se mi accosto a un brano di alta poesia con una precomprensione utilitaria, la mia valutazione del brano sarà molto negativa, però completamente sbagliata, perché partita da una precomprensione inadeguata. Orbene, quando si tratta della Bibbia, la quale riferisce esperienze religiose e si rivolge alla capacità religiosa delle persone umane, quale sarà la precomprensione più adatta a questo oggetto di conoscenza? Una precomprensione neutrale, che non accetta altri criteri se non quelli delle scienze naturali? Ovvero la precomprensione data da una esperienza di fede? Non ci può essere dubbio! Per interpretare correttamente la Bibbia, il punto di partenza più valido è l'esperienza di fede, e più precisamente quella trasmessa dalla stessa Tradizione di fede che ha dato origine ai testi biblici.

Lungi dall'essere un ostacolo nella ricerca del'oggettività scientifica dell'interpretazione, tale precomprensione ne è al contrario una condizione. Ripetiamolo, per avere una buona percezione dell'oggetto da studiare, occorre che la mente si trovi in una disposizione corrispondente alla natura dell'oggetto. Se mi voglio preparare ad apprezzare correttamente un discorso sull'architettura, devo risvegliare le mie conoscenze e le mie esperienze in questa materia, ed è così per qualsiasi settore del sapere umano. L'esigenza espressa dalla *Dei Verbum*, secondo la quale la Bibbia va letta e interpretata «con lo stesso Spirito con cui fu scritta»,[47] corrisponde quindi a una condizione di oggettività. Nella Prima ai Corinzi, l'apostolo Paolo dichiara giustamente che «l'uomo naturale (*psychikos*) non comprende le cose dello Spirito di Dio; esse sono follia per lui e non le può conoscere, perché l'indagine su di esse va fatta in modo spirituale (*pneumatikôs*)» (1 Corinzi 2,14).

---

[44] *Dei Verbum*, n. 12 (*EB*, § 690).

Chi non ha questa giusta precomprensione può certamente studiare i testi biblici da diversi punti di vista e raggiungere risultati interessanti, di indole filologica, letteraria, storica, psicologica e sociologica. Il senso principale, però, gli sfugge. Come dice l'enciclica *Providentissimus*, «essendo privi della vera fede, non pervengono al midollo della Scrittura, ma ne rosicchiano solo la corteccia».[45] Che peccato, se anche esegeti cattolici limitano il loro impegno al «rosicchiare la corteccia» della Scrittura ispirata. Non possono allora fare opera utile per la teologia. Il loro studio della Scrittura non può essere conforme all'augurio della *Dei Verbum*,[46] cioè non può essere «come l'anima della teologia», perché è uno studio privo di anima!

4. Distinguere fede e tradizioni

Detto ciò, è utile aggiungere qualche precisazione a proposito della precomprensione di fede più adatta alla ricerca esegetica. Anche se è necessaria come punto di partenza, una precomprensione porta con sé il rischio d'influire troppo sull'interpretazione, facendo attribuire al testo un contenuto che non vi è espresso. Per evitare questo pericolo, l'esegeta deve distinguere precomprensione di fede e sviluppo posteriore delle tradizioni. Per interpretare i testi biblici, egli non ha nessun motivo di «tenere in sospeso la sua fede», la quale, come abbiamo appena visto, gli dà la precomprensione più adatta a questi testi, deve però essere attento a definire bene la tradizione di fede espressa in un dato testo, distinguendola da sviluppi ulteriori. A un testo pre-esilico dell'Antico Testamento non si può attribuire un significato che dipendesse dalla tradizione post-esilica. A una frase del Nuovo Testamento non si può attribuire la precisione cristologica delle definizioni dei concili, raggiunta dopo lunghi secoli di riflessione teologica.

Anzi, l'esegeta deve essere disposto, se i suoi studi gli impongono questa conclusione, ad abbandonare certe opinioni che sembravano legate alla fede, ma erano, in realtà, frutto di una evoluzione umana non abbastanza fedele alla Parola di Dio. La Bibbia non contraddice mai la grande Tradizione di fede dalla quale essa stessa è nata, ma può benissimo contraddire alcune tradizioni particolari. Il discernimento in proposito si rivela talvolta difficile e penoso; esso però costituisce una delle condizioni necessarie per il progresso autentico della teologia. Non si tratta, neanche allora, di «tenere in sospeso la propria fede», ma di essere pronti a una purificazione della fede, che la renderà più autentica e più forte.

---

[45] *EB*, § 113.
[46] N. 24 (*EB*, § 704).

5. **Compito dell'esegeta secondo la «Dei Verbum»**

A conferma della sua divisione dei compiti tra esegeti e teologi, il Prof. Sevrin invoca, nel suo articolo, il paragrafo 12 della *Dei Verbum*.[47] Non si è accorto che questo testo definisce lo studio esegetico precisamente con *l'unione* dei due compiti. Infatti, vi viene dichiarato che l'esegeta «deve ricercare con attenzione che cosa gli autori sacri hanno inteso esprimere e a Dio è piaciuto manifestare con le loro parole». Il paragrafo si divide poi in due parti, la prima spiega come si fa per scoprire l'intenzione degli autori sacri, tenendo conto dei generi letterari, la seconda precisa che per scoprire correttamente il senso della S. Scrittura, occorre leggerla e interpretarla «con lo stesso Spirito con cui fu scritta» (la esse maiuscola messa a Spirito indica che si tratta di docilità allo Spirito *Santo*). «É compito degli esegeti, dice allora il Concilio, contribuire alla più profonda intelligenza ed esposizione del senso della Sacra Scrittura [...], affinché, con studi in qualche modo preparatori, si maturi il giudizio della Chiesa.» Con questa dichiarazione l'aspetto propriamente *teologico* dell'esegesi cattolica è stato definito in modo inequivocabile.

É importante che gli esegeti cattolici prendano una coscienza più chiara dell'estenzione del loro compito e della sua profondità e importanza per la teologia, nonché per la vita della Chiesa e la salvezza del mondo. É importante che siano convinti di non dover «tenere in sospeso la propria fede» per fare una esegesi scientifica, ma di trovarsi, al contrario, in condizioni privilegiate per questo studio, avendo la precomprensione più adeguata grazie, precisamente, alla fede. Come ha scritto il Cardinale Ratzinger, «la fede è veramente quello spirito in cui è nata la Scrittura, ... è dunque anche l'unica porta per penetrare nel suo interno».[48]

III. ***Aspetti promettenti della situazione attuale dell'esegesi***

Detto ciò, la situazione attuale degli studi esegetici mi sembra particolarmente promettente. La lettura del Documento della Commissione Biblica darà certamente questa impressione, non senza ragione. Vorrei terminare questa relazione con alcune osservazioni in proposito.

---

[47] J.-M. Sevrin, «L'exégèse critique» (cf. n. 40), p. 147.

[48] Questa dichiarazione costituisce l'ultima frase di una conferenza dal titolo: «L'interpretazione biblica in conflitto», pubblicata anche in italiano due anni fa, in un volume su *L'esegesi cristiana oggi* (Casale Monferrato: Piemme, 1991), pp. 93-125.

1. **Evoluzione positiva del metodo storico-critico**

Un primo fattore positivo è che il metodo storico-critico ha subito una evoluzione salutare. Non su tutti i punti, certamente. Alcuni esegeti ritengono di perfezionare il metodo, quando spingono la critica letteraria nel vicolo cieco di analisi sempre più sottili, che scompongono i testi in una infinità di strati diversi. Questo non è un progresso, bensì una perdita di energia e di tempo. Il progresso sta piuttosto nel fatto che il metodo si è staccato da vari pregiudizi che lo segnavano all'inizio. Il Cardinale Ratzinger ha espresso il parere che questa necessaria liberazione non è ancora pienamente effettiva. Nella sua conferenza, egli ha ribadito la necessità di «collegare gli strumenti di lavoro di questo metodo con una filosofia che abbia minori implicazioni estranee al testo [...] e che offra un maggior numero di presupposti per un vero ascolto del testo».[49] Parecchi esegeti cattolici hanno già lavorato efficacemente in questo senso.

Un altro aspetto dell'evoluzione è che il metodo storico-critico si è aperto parzialmente a una visione meno unilateralmente diacronica. Gli studi di *Redaktionsgeschichte* non considerano più i redattori finali degli scritti biblici come semplici compilatori di documenti anteriori, ma s'interessano, invece, al loro contributo, alla loro teologia, e quindi analizzano accuratamente il testo biblico, quale l'abbiamo. Mentre per Dibelius e Bultmann, le sole cose degne d'interesse erano le piccole unità letterarie anteriori alla redazione dei vangeli («paradigmi», «apoftegmi», ecc.), adesso gli esegeti mettono in rilievo il contenuto teologico di ciascun vangelo. Questo corrisponde molto meglio alla precomprensione di fede, che accoglie come Scrittura ispirata non la ricostruzione ipotetica di una redazione primitiva, bensì il testo canonico riconosciuto dalla Chiesa. Ne risulta una più feconda collaborazone tra esegesi e teologia.

2. **Uso di metodi nuovi**

Un altro fattore positivo nella situazione attuale è che il metodo storico-critico ha perso il suo monopolio ed è stato costretto a lasciare un posto ad altri metodi e approcci, d'indole generalmente sincronica.

Si è parlato in proposito di crisi dell'esegesi, o almeno dell'«esegesi messa in questione». Questo è stato il titolo dato da P. Refoulé a un suo articolo del 1974,[50] il quale riferisce diversi modi di impugnare il monopolio del metodo storico-critico.

---

[49] Ibid., p. 114.

[50] «L'exégèse en question», *Le Supplément* 111 (1974) 391-423, tradotto in italiano nell'operata segnalata più sopra (n. 38), *Quale esegesi oggi nella Chiesa?*

Alcuni autori hanno contestato radicalmente questo metodo, proponendo, ad es., di sostituirlo con una ricerca strutturalista che, invece di voler definire il senso storico dei testi, intende dimostrare che ogni testo è suscettibile di una infinità di sensi. Così Roland Barthes parlava di far scoppiare il testo in tutte le direzioni. Tale constestazione radicale presenta il vantaggio di allargare le prospettive, tuttavia le allarga troppo e perciò non è utile alla pratica effettiva dell'esegesi. Sbarazzato però dai suoi eccessi, lo strutturalismo, chiamato poi «analisi semiotica», è un buon antidoto contro lo spezzettamento dei testi biblici, come veniva e viene ancora praticato da certi esegeti. Attira l'attenzione sul fatto che un testo costituisce un tutto coerente, il quale produce un significato grazie a un sistema di relazioni interne. Con lo studio metodico di tali sistemi diventa possibile capire meglio il funzionamento del testo e approfondire molti aspetti del suo significato che il metodo storico-critico non fa percepire.

Il Documento della Commissione Biblica osserva in proposito che l'analisi semiotica «può risvegliare nei cristiani il gusto di studiare il testo biblico e di scoprire alcune dimensioni del suo significato» senza dover acquisire previamente «tutte le conoscenze storiche che si riferiscono alla sua produzione e al suo mondo socio-culturale».[51]

Più accessibili ancora sono i metodi di analisi retorica e narrativa che corrispondono più direttamente all'indole di molti testi biblici e consentono quindi di definire meglio il loro messaggio. Queste analisi sono preziose anche per la teologia, perché la possono aiutare a essere meno astratta. Cercano di percepire più vitalmente i modi di significazione e di comunicazione propri dei discorsi e dei racconti biblici, il che favorisce la loro efficacia esistenziale.

Qui, però, come altrove, s'incontra la tentazione di cadere in eccessi di tecnicità e di perdere allora di vista il compito fondamentale dell'esegesi, quello di mettere in piena luce il contenuto religioso della Parola ispirata.

Nell'analisi retorica, ad esempio, si fanno attualmente discussioni senza fine per determinare a quale dei tre generi classici di discorso appartiene l'una o l'altra lettera di S. Paolo: al genere giudiziario o a quello deliberativo o a quello dimostrativo, senza notare che la predicazione apostolica aveva la sua specificità, dovuta a una situazione vitale che non corrispondeva alla situazione o *Sitz im Leben* di nessuno di questi tre generi classici. Non si trattava né di perorare davanti a un tribunale, né di persuadere un'assemblea politica, ne di recitare qualche panegirico. Si trattava di predicare la fede

[51] Pontificia Commissione Biblica, *L'interpretazione della Bibbia nella Chiesa*, p. 44.

in Cristo, di approfondirla e di farla entrare nella vita. Qui come sempre, la precomprensione procurata dalla fede è un fattore decisivo in vista di un uso adeguato del metodo di analisi.

Ancora più utile per i rapporti tra esegesi e teologia è l'approccio detto «canonico», avviato una ventina di anni fa negli Stati Uniti, il quale invita a interpretare ogni testo biblico alla luce del canone delle Scritture, cioè della Bibbia ricevuta come norma di fede nella comunità dei credenti. Effettivamente quando un testo fa parte di un «Corpus», la sua interpretazione deve tener conto di questo fatto. Perciò l'esegesi di qualsiasi testo biblico non è completa né esatta, finché non ha preso in considerazione le relazioni del testo studiato con l'insieme della Bibbia. Lo ha detto la *Dei Verbum*: «Per scoprire con esatezza il senso dei testi sacri, si deve badare con altrettanta diligenza al contenuto e all'unità di tutta la Scrittura».[52] Sa di umorismo il fatto che ad avviarsi in questa direzione conciliare con un manifesto non sono stati gli esegeti cattolici, bensì alcuni protestanti.

Conclusione: Diversità e unità

Ci sarebbero ancora molti rilievi da fare, cioè sull'esegesi patristica, sulla collaborazione ecumenica e su altri punti. É tempo, però, di concludere, per non abusare oltremodo della vostra pazienza. La lettura del Documento della Commissione Biblica potrà supplire alle numerose lacune di questa relazione. Vi mostrerà, meglio di quanto ho potuto fare, la ricca diversità delle prospettive che si aprono attualmente all'esegesi, e alla cooperazione tra esegesi e teologia. Questa diversità ha anche i suoi problemi; potrebbe, cioè, degenerare in confusione e in conflitti irriducibili. Per prevenire questo pericolo, ciascuno di noi deve, da una parte aver cura di conservare una perfetta onestà intellettuale, che eviti di trasformare in certezze le proprie ipotesi e di attribuire un valore esclusivo a una visione parziale; deve, d'altra parte, come ha ricordato il S. Padre nel suo discorso di aprile, lasciarsi guidare dallo Spirito Santo, e «per questo, pregare, pregare molto, chiedere nella preghiera la luce interiore dello Spirito e accogliere docilmente questa luce, chiedere l'amore, che solo rende capaci di comprendere il linguaggio di Dio, che 'è amore' (1 Giovanni 4,8.16)».[53] A queste condizioni, la diversità non rischierà di nuocere all'unità, ma, al contrario, la rinforzerà. Quando hanno un nesso forte con le virtù teologali, le scienze teologiche, tra le quali l'esegesi ha l'onore di trovare il suo posto, si esplicano in modo pieno e armonioso.

---

[52] *Dei Verbum*, n. 12 (*EB*, § 690).

[53] Giovanni Paolo II, Discorso del 23 aprile 1993 (*EB*, § 1249), oppure Pontificia Commissione Biblica, *L'interpretazione della Bibbia*, p. 11.

I riflessi del progresso biblico, particolarmente della Costituzione Dogmatica *Dei Verbum*, per la teologia

PIO CARDINALE LAGHI

Introduzione

È mio vivo desiderio indirizzare anzitutto una parola di sentito ringraziamento al Rev.mo Padre Klemens Stock, Rettore del Pontificio Istituto Biblico, per avermi cortesemente invitato a prendere parte con un intervento conclusivo a questo solenne Atto accademico. Sono inoltre particolarmente grato a tutti coloro che hanno voluto, organizzato e reso possibile questa manifestazione. Essa sottolinea, in una data particolarmente significatica — quella della pubblicazione della Costituzione Dogmatica *Dei Verbum* del Concilio Vaticano II — il duplice anniversario di due testi magisteriali importanti per l'esegesi cattolica, ossia, l'Enciclica *Providentissmus Deus* di Leone XIII e la *Divino afflante Spiritu* di Pio XII.

Attraverso questi documenti, i due relatori che mi hanno preceduto hanno puntualizzato le tappe del progresso che si è compiuto, da un secolo a questa parte, nel campo dell'ermeneutica biblica; progresso che è stato raccolto e precisato dal Vaticano II.

I temi sviluppati nelle due relazioni mi sembrano indicare come oggi la storia delle espressioni magisteriali in questo settore abbia una nuova occasione di chiarificazione. La situazione attuale dell'esegesi, mentre permette di rileggere gli interventi del Magistero in una prospettiva più ampia facendo emergere più chiaramente il progresso da loro segnato, lascia affiorare problematiche nuove ed interrogativi.

Nell'entusiasmo dei nuovi metodi di approccio della Sacra Scrittura, si è stati portati a volte ad evidenziare dei documenti in questione principalmente la progressiva apertura ad una novità, ancora in gran parte da perlustrare. Ora, dopo ampia applicazione del metodo detto scientifico, è più facile cogliere nei testi magisteriali, sia il loro orientamento positivo per l'integrazione della scientificità esegetica in un discorso più ampio, sia il loro apporto nell'individuazione degli aspetti problematici di alcuni approcci inadeguati.

Tenuto conto di questo, e nella prospettiva delle precisazioni apportate dalla *Dei Verbum* mi permetterò di offrire alcune considerazioni sul tema «progresso esegetico e teologia». Ciò in sintonia con il mio compito di Prefetto della Congregazione per l'Educazione Cattolica.

I. *La Sacra Scrittura, anima della Teologia*

La prima affermazione del Magistero, particolarmente densa di conseguenze per il nostro argomento, è quella che configura la Sacra Scrittura come «anima della Teologia». L'espressione è già presente nell'Enciclica *Providentissimus Deus*; essa viene ripresa al n. 24 della Costituzione dogmatica *Dei Verbum* e al n. 16 del Decreto sulla formazione sacerdotale *Optatam Totius* del Concilio Vaticano II; viene poi modulata, in termini un po' diversi ma sostanzialmente consonanti, dal documento della Congregazione per l'Educazione Cattolica *La formazione teologica dei futuri sacerdoti*, dove si legge al n. 79 che «la Sacra Scrittura costituisce il punto di partenza, il fondamento perenne e il principio vivificante ed animatore di tutta la Teologia».

Ora, a questo riguardo, risulta evidente, oggi più che in passato, che queste espressioni non riguardano soltanto lo spazio privilegiato destinato agli studi biblici, ma anche il loro ruolo propulsivo e vitale nei confronti dell'intera ricerca teologica. Quando il testo conciliare parla di «anima», indica che la Sacra Scrittura costituisce la base sulla quale la Teologia «vigorosamente si consolida e si ringiovanisce sempre, scrutando alla luce della fede ogni verità racchiusa nel mistero di Cristo» (*Dei Verbum*, 24).

II. *La Sacra Srittura, essendo anima della Teologia, deve essere punto costante di riferimento per la riflessione teologica*

Nella medesima linea, emerge un secondo elemento dell'insegnamento magisteriale: la chiara consapevolezza che la Sacra Scrittura deve essere il punto costante di riferimento della riflessione teologica.

In proposito si possono individuare alcune lacune sia da parte dell'esegesi sia da parte delle Teologia. Occorre rilevare che un certo tipo di esegesi non ha aiutato a far sì che la Sacra Scrittura costituisse l'anima della Teologia. Infatti, alle volte, si constata che una certa riflessione esegetica è stata impregnata da presupposti razionalistici ed un'altra è stata guidata da interessi quasi esclusivi per la filologia, la storia e l'archeologia. Dal canto suo, poi, la Teologia, spesso confrontata con la variegata problematica dell'evoluzione culturale del mondo contemporaneo, è stata tentata di perdere di vista la centralità della Parola di Dio e di argomentare partendo da categorie sociologiche e culturali, quasi dimenticando che occorre ricercare le soluzioni dei problemi umani alla luce della Rivelazione (*Sapientia Christiana,* n. 66).

Ciò vale anche per le varie specializzazioni. In merito è da rilevare che il sapere teologico, nel rispondere alle istanze culturali e sociali del tempo, ha giustamente sentito la necessità di specializzarsi per poter dare una risposta alle varie questioni; ma anche qui occorre tenere presente che le varie tematiche devono essere viste nel contesto dell'unità del Mistero rivelato.

Quanto più la Sacra Scrittura sarà percepita, dalla Teologia e dalle sue specializzazioni, come principio animatore e vivificante, tanto più la Teologia risponderà alla sua specifica missione di «intellectus fidei».

III. *Considerazioni sul metodo teologico*

Queste brevi considerazioni portano a prendere sempre maggiore coscienza del profilo specifico che deve assumere il metodo teologico.

Al riguardo, sono da considerarsi con attenzione i rilievi metodologici emergenti dai documenti magisteriali che toccano la questione dell'esegesi biblica in relazione alla formazione teologica.

In particolare, mi piace sottolineare quanto si afferma al n. 16 del Decreto conciliare *Optatam Totius* circa l'ordinamento delle varie tappe della riflessione teologica a partire dalla priorità da riservare al dato biblico e al suo irradiamento nei vari settori. In merito, infatti, si dice: «... premessa un'accurata introduzione [gli alunni] vengano iniziati accuratamente al metodo dell'esegesi, apprendano i massimi temi della divina rivelazione ... Nell'insegnamento della teologia dogmatica prima vengano proposti gli stessi temi biblici ... Parimenti tutte le altre discipline vengano rinnovate per mezzo di un contatto più vivo col mistero di Cristo e con la storia della salvezza».

Non si può, inoltre, dimenticare che queste indicazioni conciliari sono riprese e sviluppate negli orientamenti applicativi successivi, come la Costituzione Apostolica *Sapientia Christiana* ai nn. 67-68 e il documento «La formazione teologica dei futuri sacerdoti» ai nn. 79-84. La sollecitudine che vi si esprime è infatti quella di veder concretizzate in maniera sempre più precisa le conseguenze metodologiche, per la riflessione teologica, del rinnovamento degli studi biblici compiuto in questo secolo.

IV. *Studio della Sacra Scrittura e dialogo con le altre religioni*

Mi sembra importante in questa visuale evidenziare infine un settore in cui l'affermazione della Sacra Scrittura come anima della teologia risulta oggi particolarmente determinante. Si tratta dell'impegno di portare avanti il dialogo con le altre religioni e dello sforzo di approfondire sempre meglio la teologia da esse sviluppata.

In questo ambito, l'insufficiente attenzione data alla Parola di Dio come riferimento irrinunciabile della riflessione teologica cattolica circa la dottrina delle altre religioni ha dato luogo ad abusi che vanno menzionati. Ne ha parlato recentemente l'Enciclica di Giovanni Paolo II, *Redemptoris Missio*, che ha messo in guardia dai rischi, non sempre evitati, di compromettere la centralità e l'unicità del mistero di Cristo Salvatore a vantaggio di una male intesa apertura alle altre religioni.

Di fronte a questi pericoli, risalta ancora di più quale sia la responsabilità dell'esegesi cattolica, che, pur salvando le esigenze della scientificità del metodo, non può prescindere dagli elementi costitutivi della fede, di cui la Sacra Scrittura è espressione vitale.

Conclusione

Concludendo, vorrei esprimere l'auspicio che l'evocazione odierna del progresso degli studi biblici, segnato dai documenti magisteriali commemorati in questa circostanza, costituisca uno stimolo ed un incoraggiamento a proseguire la ricerca. Non solo tramite l'applicazione seria della metodologia scientifica al testo sacro, ma anche attraverso una riflessione che aiuti ad illustrare, penetrare e far vivere il Mistero salvifico. Ciò permetterà all'esegesi di assolvere più pienamente alla sua irrinunciabile funzione di servizio nei confronti della Teologia e nell'ambito di tutta la comunità ecclesiale.

Indice generale

Finito di stampare il 22 aprile 1994
Tipografia Poliglotta della Pontificia Università Gregoriana
Piazza della Pilotta, 4 – 00187 Roma

PONTIFICIO ISTITUTO BIBLICO
EDIZIONI 1993

NOVITÀ

ANALECTA BIBLICA

129. LENCHAK Timothy A.: *Choose Life! A Rhetorical-Critical Investigation of Deuteronomy 28,69-30,20.*
pp. XII-308. ISBN 88-7653-129-7. Lit. 40.000

BIBLICA ET ORIENTALIA

44. DOBBS-ALLSOPP F. W.: *Weep, O Daughter of Zion: A Study of the City-Lament Genre in the Hebrew Bible.*
pp. XIV-230. ISBN 88-7653-346-X. Lit. 30.000

STUDIA POHL: SERIES MAIOR

16. DI VITO Robert A.: *Studies in Third Millennium Sumerian and Akkadian Personal Names. The Designation and Conception of the Personal God.*
pp. XII-328. ISBN 88-7653-601-9. Lit. 25.000

FUORI COLLANA

NORTH Robert (a cura di): *Elenchus of Biblica.* Vol. 6/1990.
pp. 1.172. ISBN 88-7653-599-3. Lit. 170.000

RISTAMPE

STUDIA POHL: SERIES MAIOR

4. ČERNÝ Jaroslav – GROLL Sarah I., assisted by EYRE Christopher: *A Late Egyptian Grammar*. 4ª edizione. pp. LXXXIV-620. ISBN 88-7653-435-0. Lit. 65.000

SUBSIDIA BIBLICA

9. JOÜON Paul: *Ruth. Commentaire philologique et exégétique.*
pp. VIII-100. ISBN 88-7653-586-1. Lit. 13.000

14. JOÜON Paul – MURAOKA T.: *A Grammar of Biblical Hebrew.*
Part One: *Orthography of Biblical Hebrew.*
Part. Two: *Morphology.*
Part. Three: *Syntax. Paradigms and Indices.*
2 volumi indivisibili. 2ª edizione riveduta e corretta.
pp. XLVI-780. ISBN 88-7653-595-0. Lit. 69.000

FUORI COLLANA

ZERWICK Max – GROSVENOR Mary: *A Grammatical Analysis of the Greek New Testament*. 4ª edizione riveduta e corretta. pp. XXXVIII-778-16*.
ISBN 88-7653-588-8. Lit. 35.000

È possibile sottoscrivere ordini in continuazione.

It is possible to subscribe standing orders.

Ordini e pagamenti a:

Orders and payments to:

AMMINISTRAZIONE PUBBLICAZIONI PIB/PUG
Piazza della Pilotta, 35 – 00187 Roma – Italia
Tel. 06/678.15.67 – Telefax 06/678.05.88

Conto Corrente Postale n. 34903005 – Compte Postal n. 34903005
Monte dei Paschi di Siena – Sede di Roma – c/c n. 54795.37